정치컨설턴트의 충고

100 Things I Have Learned In 30 Years As A Political Consultant

■ 저자 Joseph Napolitan

죠셉 나폴리탄은 정치자문의 선구자이자 미국정치컨설턴트협회와 국제정치컨설턴트
협회의 창설자로 두 협회의 초대회장을 역임했다. 정치 전략과 조사 분석, 미디어 구성을
전문으로 하는 그는 1960년 존 케네디 대통령선거와 1964년 존슨 대통령선거에서 전략참
모로 활약했고 1968년 휴버트 험프리 대통령 선거에서 미디어 실장을 역임했다. 정치컨설
팅을 시작했던 초기에는 매사추세츠, 하와이, 알래스카 등 주로 미국의 정치캠페인에 집중
했으나 80년대 중반부터 그의 이름이 해외에 알려지기 시작하면서 외국의 수상들과 대통
령 후보들의 정치컨설팅에 더욱 집중하고 있다. 코스타리카, 베네쥬엘라, 도미니카공화
국, 파나마, 프랑스, 수단, 필리핀, 이태리, 영국 등 5개 대륙 20개 이상의 국가에서 국가수
반 및 야당총재의 캠페인 전문가와 정치전략가로 활약하였다.

죠셉 나폴리탄은 매사추세츠 스프링필드에 위치한 'Joseph Napolitan Associates'와
뉴욕에 소재한 'Public Affairs Analysts'의 창립자이자 대표이다. 저서로 1972년 출판된
'선거게임 그리고 이것을 이기는 방법'(『The Election Game and How to Win It』)이 있다.

■ 역자 김윤재

1988년 가족과 함께 미국으로 이주하여 버클리대학을 졸업하고 뉴욕대학 행정대학원에
서 석사학위를 받았다. 89년 미국 시의원 선거 자원봉사를 시작으로 선거캠페인에 참여한
그는 한국의 97년 대통령선거, 미국 98년 상원의원 선거 등 여러 선거에서 일했으며, 소수민
족 권익옹호와 한미관계 등에 관련한 활동을 해 왔다. 99년 미국 내 대표적 로비단체인
AIPEC(America-Israel Public Affairs Committee) 50주년 컨퍼런스에 외부 활동가로 초
청 받았고, 2000년 국제정치컨설턴트협회 컨퍼런스에는 Young Professional로 초청되었
다. 미국정치 및 정책문제에 관련한 활발한 연구 활동을 하고 있으며 현재 뉴욕시립대학교
로스쿨에 재학 중이다.

정치컨설턴트의 충고

100 Things I Have Learned In 30 Years As A Political Consultant

죠셉 나폴리탄 지음

김 윤 재 옮김

 리북

정치컨설턴트의 충고

100 Things I Have Learned In 30 Years As A Political Consultant

초판발행일 / 2003년 6월 20일

지은이 / 죠셉 나폴리탄
옮긴이 / 김 윤 재
펴낸이 / 이 재 호
펴낸곳 / 리북(Leebook)
등   록 / 1995년 12월 20일 제13−663호
주   소 / 서울시 영등포구 양평동4가 190 신한하이빌 402호
전   화 / 02−2068−6435   팩 스 / 02−2068−6752

정   가 / 13,000원

ISBN 89−87315−52−5

　몇 해 전 서울을 방문할 행운을 누린 적이 있었다. 생동감 있고 활기찬 도시의 모습은 물론이고 사람들의 친절함과 우수함에 깊은 인상을 받았다.

　이런 관계로 내 책이 한국에서 출판됨을 영광으로 생각한다.

　이 책은 오늘날과 같은 다양한 테크놀로지가 정치 캠페인에 본격적으로 도입되기 전인 20년 전에 쓰여졌음을 독자들께서 고려해 주시기 바란다.

　그렇지만 지난 45년간 세계 각국의 선거에 출마한 후보자들을 자문하면서 내가 얻은 교훈이 있다면 그것은 선거는 테크놀로지가 아니라 캠페인을 조직하고 기획하는 사람들에 의해서 승패가 좌우된다는 것이다.

　테크놀로지가 주는 주요 장점은 후보자가 자신의 메시지를 신속하게 그리고 더 많은 유권자에게 전달하게 해 준다는 것이다. 그러나 이것 또한 후보자와 그의 참모들이 유권자와 커뮤니케이트 하고자 하는 메시지를 선택하고 이를 끊임없이 다듬을 때에만 소기의 성과를 거둘 수 있다.

각 나라의 고유한 문화적 특성과 언어적 차이에도 불구하고 선거캠페인의 목적은 오직 하나 – *유권자가 상대후보가 아닌 자기후보에게 투표하도록 설득하는 것* – 이다. 이 책에서 나는 이러한 프로세스가 어떻게 작동하는지 설명하려고 했다. 내가 지난 세월동안 배우고 익힌 교훈들이 한국에서 진지한 관심과 신념을 가지고 선거를 준비하고 승리하려는 분들께 유용하게 쓰이기를 희망한다.

Joseph Napolitan

2003년 6월

■ 서 문

우연치 않게 <국제정치컨설턴트 19회 컨퍼런스>
와 내가 1956년 11월 11일 매사추세츠 스프링스필드
에 사무실을 오픈한 지 30년째 되는 날이 겹쳤다.

나는 국제정치컨설턴트협회 동료들과 내가 지난
30년간 배운 것들을 나누면 좋을 것이라는 생각을 갖
게 되었다.

100가지 교훈 중 첫 번째 것을 예외로 한다면 여기
서 내가 나열한 내용들은 특별한 순서가 정해져 있지
않다.

최근 들어 미국보다는 외국에서 일하는 경우가 많
아진 관계로 내용들 가운데 많은 부분이 미국의 선거
보다는 외국의 선거에서 적용하기에 더 적합한 것들
이다.

Joseph Napolitan

1986년 11월 11일

■ 옮긴이의 말

선거는 아이디와 아이디어의 충돌이며 신념과 신념의 불꽃 튀는 대결이다. 게임의 룰 안에서 한 치의 양보도 없이 사력을 다한 싸움을 해야 한다. 우리 편의 승리가 국민과 사회를 위해서 바람직하다는 믿음이나 최소한 상대의 당선을 저지하는 것이 역사발전을 위해 옳다는 믿음을 바탕으로 하지 않는다면 이러한 싸움은 가능하지 않다. 선거는 무혈의 전쟁인 것이다.

선거에서 이기는 확률을 높이기 위해서는 캠페인의 효과적 운영과 최대한 객관적이고 과학적인 전략과 노하우가 필요하다. 이 분야에 관해 죠셉 나폴리탄만큼 잘 아는 사람도 드물 것이다. 여기서 소개하는 『100 Things I Have Learned In 30 Years As A Political Consultant』은 1986년에 발표된 문건이지만 내용의 유효성은 시간이 흐를수록 더 빛을 발한다. 5개 국어 이상 번역되어 전 세계 선거 전문가들의 지침서로 사용되고 있고, 지금까지도 각종 캠페인 서적에서 여기에 실린 내용들을 인용하고 있는 것이 그것을 입증한다. 정치에 발을 딛는 순간부터가 선거캠페인이라 할 수 있는 영구적 캠페인 시대(permanent campaign)인 오늘날, 이 내용은 비단 선거기간에만 국한하지 않는다.

이 책은 미국 정치컨설턴트들을 염두에 두고 쓴 것이라 우리 실정과 맞지 않는 점도 몇 가지 발견할 수 있을 것이다. 그러나 대부분은 한국선거에 적용이 가능하고 꼭 새겨두어야 하는 것들이다. 읽는 분들의 편의를 위해 필요하다고 생각되는 부분에는 미국정치의 사례들을 포함해 추가설명을 곁들였다.

신념을 갖고 선거를 준비하고 참여하는 분들께 작은 도움이 되었으면 하는 바람이다.

김 윤 재
2003년 6월

■ 목 차

줄 뿐이다

41. 타이밍은 절대적이다

44. 얼마의 돈을 지출하는가는 어떻게 지출하는가 만큼
    중요한 문제는 아니다

47. 만약 어떤 것이 효과를 발휘하면 그것의 효과가
    중단될 때까지 지속하라

48. 메시지는 분명하고 이해할 수 있는가를 꼭
    확인해야 한다

50. 결코 유권자의 지적능력을 과소평가하지 말아라.
    동시에 그들이 받아들일 수 있는 정보량을
    과대평가해서도 안 된다

52. 네거티브 공격은 제3자를 통한 미디어광고가
    효과적이다

54. 라디오의 영향력과 침투력을 간과해서는 안 된다

58. 인기 없는 정부가 미칠 영향을 과소평가하지
    말아라

그만두어라

108. 여러분의 보수문제를 초반에 매듭지어라.
캠페인을 하고 돈을 받지 못하는 것보다는 아예
처음부터 시작하지 않는 것이 낫다

111. 어떤 것도 당연하게 생각하지 말아라

113. 실수를 했을 경우 인정하는 것을 누려워하지
말아라. 그리고 다른 것을 시도하라

116. 상대후보를 조사하듯 여러분의 후보에 대해서도
철저한 조사를 해야 한다

119. 작은 진전은 중요하다. 때로는 결정적일 수 있다

122. 과감한 일격을 할 때와 그렇지 않을 때를 구분해야
한다

125. 작은 것은 중요하다

128. 여러분의 후보자가 자신이 무엇인가에 대해 한번
애기했다고 해서 모두가 그것을 들었을 것이라고
생각해서는 안 된다

132. 만일 미디어 자료가 별로 좋지 않다면 그것이
     아무리 비싼 비용으로 만들어졌어도 과감하게 폐기
     할 수 있어야 한다

133. 복잡한 문제에 대한 간단한 해결방법을 주의하라.
     그런 것은 존재하지 않는다

136. 예비경선의 여론조사 결과를 경계하라

138. 열정적인 아마추어를 제한하라

140. 미디어광고 제작을 캠페인 처음부터 끝까지 항상
     준비하고 있어야 한다

142. 여러분이 하는 일에는 합당한 이유가 있어야
     한다

144. 후보자를 위해 실력 있는 사진작가를 확보해라

146. 여러분의 한계를 인정하라

149. 신속한 비상연락망 시스템을 신설하고 유지하라

151. 실수에 당황하지 말아라. 실수는 발생하게 되어
     있다

● 정치컨설턴트의 아버지 죠셉 나폴리탄

전략은 선거에서 가장 중요한 요소이다

1

이것은 내가 지난 30년간 배운 것들 중 가장 중요한 교훈이다.

올바른 전략은 그저 그런 캠페인을 구할 수 있지만 훌륭한 캠페인일지라도 전략이 잘못되면 실패할 가능성이 높다.

전략은 반드시 캠페인에 맞게 접목되어야 한다. 캠페인을 전략에 맞출 수는 없다.

덧붙여 작지만 아주 중요한 포인트: 만약 전략이 문서화되어 있지 않다면 그것은 전략이 없다는 의미이다.

대세론 효과는 존재하지 않는다

2

미국을 포함한 세계 각국의 캠페인 관계자들은 "국민들은 승자와 함께 하길 원한다. 그들은 당선 가능성이 높은 후보에게 투표할 것이다."라고 즐겨 말한다.

이러한 믿음을 바탕으로 언론에 자신들의 후보가 앞서고 있는 조사결과를 내보내고 이를 통해 유권자들이 앞서 있는 자신들의 후보를 지지할 것이라고 믿는다.

나는 오히려 그 반대의 경우가 더 설득력이 있다는 결론을 내리게 되었다. 선두 후보진영이 지나친 자만과 나태에 빠져 있을 때 뒤쳐져 있다고 판단되는 후보자의 지지자들은 더욱더 분발하고 결집하게 된다.

1978년 베네쥬엘라 선거는 이러한 신드롬을 보여준 단적인 예가 아닐까 한다. Accion Democratica당의 피네루와 후보는 선거 투표일을 앞두고 두 주 동안 두 페이지에 걸쳐 전면 광고를 내보냈다. "선거는 끝났다. 피네루와가 이겼다."

선거가 끝났을 때 피네루와는 패자였다. 그러나 가장 흥미로운 사실은 1973년 선거에 비해 투표율이 5퍼센트 낮아졌다는 것이다. 이러한 투표율 하락은 Accion Democratica의 강세를 생각하면 대단히 이례적인 것이었다. 피네루와의 일부 지지자들이 그들의 후보가 이길 것이라는 확신을 갖고 투표를 하는 번거로움을 포기한 것이다. 뼈아픈 교훈이 아닐 수 없다.

대부분의 컨설턴트들은 대세론이 상대후보 지지자들의 일부를 기권하게 만드는 효과를 만들 수 있을지 모르지만 후보

지지자들의 결집을 방해하는 효과가 있기 때문에 결과적으로는 도움이 되지 못한다고 입을 모은다. 반면에 아직 민주주의가 제대로 정착되지 않은 제3세계 국가의 선거캠페인에 참여한 분들 중에는 야당 후보의 대세론이 언론의 불공정한 보도나 공공기관의 선거개입을 막는데 기여하는 긍정적인 측면이 있다는 지적을 하기도 한다.

미국선거에서 대세론의 실체는 지난 2000년 대통령선거에서 여실히 들어났다. 모든 선거결과 예측모델에 의하면 앨 고어 민주당 후보는 누구와 상대를 하더라도 낙승을 거둘 것으로 전망되었다. 그러나 이러힌 예싱과 달리 선거 조반부터 앨 고어 후보는 죠지 W. 부시 공화당 후보를 추격하는 입장으로 선거캠페인을 치뤄야 했다. 앨 고어 민주당 후보의 패색이 짙어지면 질수록 민주당의 지지기반인 노동계와 소수민족계를 중심으로 한 단결이 강화되었고 선거당일 뚜껑을 열자 고어 후보 지지기반에서 평균치보다 높은 투표율을 보이면서 승부를 법정에서 가리게 하는 상황을 연출했다.

유세장의 청중 수와 투표에는
특별한 상관관계가 존재하지 않는다.

3

다시 한번 베네쥬엘라 선거의 예를 들겠다(현재 나는 이곳에서 네 번 연속해서 대통령선거를 자문했다). 한번은 내가 일하던 Accion Democratica당이 도심 한복판에서 유세를 벌였다. 5만여 명 이상의 청중이 운집했다. 놀라웠다. 이틀 후 평균 5퍼센트 이상의 지지율을 받아 본 적이 없는 사회당(Socialist Party)이 똑같은 장소에서 유세를 벌였고 비슷한 청중을 동원했다.

나는 1968년 대통령선거에서 공화당 후보인 리차드 닉슨에 대항한 민주당 후보인 휴버트 험프리 부통령의 미디어 실장으로 일했다. 하루는 닉슨이 필라델

피아를 방문했다. 운집한 청중이 상당했다. 험프리 역시 며칠 뒤 같은 곳을 방문했으나 청중은 그리 많지 않았다. 험프리는 선거에서 필라델피아 지역에서 10만표 차이의 승리를 거뒀다. 이 경우 공화당은 청중동원에는 성공했으나 득표를 올리는 데는 실패한 것이다.

현대 선거에서 청중동원은 두 가지 면에서 이직도 중요성을 갖는다. 하나는 흐름을 읽을 수 있다는 것이고 또 하나는 그 현장이 미디어를 통해 수많은 유권자에게 전달된다는 의미에서이다.

첫 번째 이유는 동원된 청중과 자발적 청중이 구분된다. 선거 막바지에 갈수록 유세장에서 보여지는 자발적 청중의 지지와 열의 정도를 보면서 후보의 상승세를 가름해 볼 수 있다.

두 번째 이유는 아니러니하게도 청중동원이 중요하지 않은 이유와 연결된다. 열 번의 청중동원 행사보다 단 한번의 멋있는 모습의 행사가 미디어를 타는 것이 수백 아니 수천 배 이상의 유권자에게 다가서는 것이다.

대부분의 유권자는 후보의 거리유세나 청중들의 모습을 미디어를 통해 간접적으로 경험하고 판단한다.

여론조사는 핵심적이나
이것에 현혹되어서도 안된다
4

정치여론조사를 하는 유일한 실용적 이유는 선거에 승리하는 데 도움이 되게 하기 위해서이다. 만약 정치여론조사가 이러한 역할을 하지 못한다면 그 비용을 다른 데 사용하는 것이 바람직하다.

아마도 정치여론조사에서 제일 중요하지 않은 정보는 지금 이 순간에 누가 앞서고 있는가 하는 것이라고 생각한다.

나는 적합한 여론조사 없이는 캠페인을 하지 않을 것이다. 그러나 동시에 나는 여론조사 결과에 전적으로 의존하는 캠페인 역시 하지 않을 것이다.

나는 캠페인에서 여론조사 결과를 특별하고 아주 좋은 이유가 있지 않는 한 절대 언론 등에 공개하지 않을 것이다.

여론조사는 선거캠페인에서 내세울 수 있는 가장 객관적인 근거이자 지침서이다. 객관적이고 과학적인 조사는 사회의 분위기나 국민의 정서 그리고 잠재된 정치적 욕구를 알아보고 후보자의 이미지나 입장을 다듬을 수 있도록 해 준다. 1960년 존 케네디 당시 민주당 후보가 처음으로 여론조사 전문가인 루 해리슨을 참모로 활용하면서 여론조사가들이 선거에 본격적으로 개입하기 시작한다.

지미 카터의 패트릭 캐들, 로널드 레이건의 리차드 워스린, 죠지 부시의 밥 티터, 빌 클린턴의 스탠리 그린버그, 딕 모리스, 마크펜, 죠지 W. 부시의 매튜 다우 등은 단순한 여론조사 참모가 아닌 전략가로서 정치적, 정책적 결정에 엄청난 영향력을 행사해 왔다.

그러나 여론조사는 표본추출의 방법이나 질문작성, 표본의 수 그리고 조사가의 분석능력 등에 따라 실제와 다른 결과를 가져올 수가 있다.

미국의 2002년 중간선거 결과 예측이 크게 빗나가고 특히, 여론조사를 근거로 수립된 민주당 전략 방향이 잘못되었음이 들어나면서 언론은 전화를 통한 여론조사의 위기가 시작되었다고 진단한다.

미국 50개 주 가운데 반 이상이 법으로 텔레마케팅 전화에 대해 수신거부를 할 수 있도록 했으며, 인구비율상 높은 비중을 차지하는 젊은층들은 휴대폰을 사용하고 일반 전화를 아예 사용하지 않는 경향이 생기고 있다. 수신자도 비용을 부담해야 하는 현 미국 휴대폰 체계에서 휴대폰 번호에 텔레마케팅을 하는 것은 불법으로 되어있다. 동시에 수많은 텔레마케팅으로 응답거부율이 점점 더 늘어나고 있다.

대안으로 제시되는 인터넷조사는 과학적 여론조사의 수단으로 전화를 대체하기에는 최소한 10년 정도의 시간이 걸릴 것으로 업계 관계자들은 예측하고 있다.

당의 분열을 절대 과소평가하지 말라

5

올해 초 나는 도미니카공화국의 상원의장이자 여당인 PRD당(현역 대통령도 PRD 출신이었으나 그는 재출마 포기를 결정했다)의 대선후보인 자코보 마이루타의 대통령선거를 자문했다.

당은 예비경선을 통해 심하게 분열되어 있었다. 자코보 마이루타의 최대 라이벌인 페나 고메즈는 산토도밍고 시장으로 대통령인 살바도르 요르게 블랑코와 각별한 사이였다.

출발 당시 약간 주춤거렸던 마이루타의 캠페인은 순조롭게 진행되었고 나는 우리가 승리할 것임을 자신했었다. 그러나 결과는 놀랍게도 78세의 앞을 보지 못하는 요아퀸 발라궤어에게 패배하고 말았다(나는 개인적으로 발라궤어 대통령에게 어떤 악감정도 가지고 있지 않다. 다만 그가 육체적으로 대통령직을 수행할 수 있다고 보지 않을 뿐이다).

우리 측 출구조사나 상대의 출구조사 모두 마이루타가 51퍼센트를 획득한 것으로 나타났다(이 선거는 3자 대결로 이루어졌다). 결과적으로 우리는 작은 퍼센트가 뒤진 것으로 밝혀졌다.

나중에 우리는 당내 갈등이 골이 너무 깊어져 당시 대통령인 블랑코마저도 자신의 당 후보가 아닌 다른 후보에게 투표했으며 페나 고메즈의 지지자들의 다수는 가장 강력한 적수였던 발라궤어를 지지했던 것이다.

우리 조사는 이러한 점을 발견하지 못했다. 우리는 당의 분열이 어떠한 상처를 안겨줄 것인지를 과소평가했던 것이다. 결과는 이것에 대한 대가였다.

미국 대통령선거에서 재선에 실패한 대통령은 항상 당내 도전을 통해 상처를 입고 본선에 나간 경우였다.

지미 카터 대통령은 에드워드 케네디 상원의원의 도전을 받았고, 죠지 부시 대통령은 극우논객 팻 뷰캐넌의 도전을 받았다. 앨 고어 부통령도 예선에서 빌 브래들리 전 상원의원의 도전을 본선에선 진보민주당을 기반으로 하는 시민운동가 랄프네이더의 도전을 받았다.

이들 도전자들은 하나같이 각 당의 가장 뚜렷한 이념을 가지고 열성적으로 활동하는 계층을 지지기반으로 하고 있다. 이들 지지계층은 후보보다는 이슈를 중심으로 뭉쳐 있으며, 이러한 특성은 예비선거를 이념적 선거로 끌고 가고 후보에게 상처를 주어서 대다수 일반유권자에게 특정 이념이나 정당에 집착하는 후보라는 인상을 남기게 된다.

오는 2004년 선거에 좌파운동가인 흑인 알 샵튼 목사가 민주당 대선에 출마를 선언하자 민주당 지도부의 당혹스러움이 역력했다. 민주당 주요 기반인 흑인들이 흑인이라는 이유로 샵튼 목사에게 일정부분 지지를 보낸다면, 샵튼 목사는 후보가 되지 못하더라도 자신의 지분을 가지고 선출된 후보와 거래를 하려 할 것이고 이는 본선에 심각한 타격이 될 것이라는 분석에서이다.

그러나 곧이어 최초 흑인 여성 상원의원을 지낸 캐롤 모슬리 브라운 여사가 출사표를 던지자 조금은 안도하는 모습을 보이고 있다. 공화당은 브라운 여사의 결정이 민주당 지도부의 작업이라고 주장한다. 주류 흑인인 브라운 여사가 샵튼 목사에게 가는 흑인표를 최대한 막아 샵튼 목사의 영향력을 약화시켜 본선에 나갈 후보를 보호하기 위한 음모라는 것이다.

진정한 전문가를 영입하는 것을
두려워하지 말라

6

캠페인 내부진영의 참모나 측근들이 느끼는 불안감을 절대 과소평가해서는 안 된다. 이것은 현재 미국의 민주당에서 여실히 입증되고 있다.

지난 몇 번의 선거에서 민주당 후보들은 예비경선을 통과한 후에 본 선거에 돌입할 때 민주당의 재능 있는 각 분야의 전문가들에게 도움을 청하는 것을 꺼리고 있다. 이들 전문가들은 예비경선에서 다른 후보 진영에서 활동하기도 했고 예비경선에 참여하지 않은 이들도 있다. 처음부터 자신들과 함께 한 캠프가 아니라는 이유에서이다.

1984년 대통령선거에서 민주당 후보가 활용할 수 있는 재능있는 전문가들을 외면하고 선거에서 패배하는 것은 정말로 가슴 아픈 일이 아닐 수 없었다.

이것은 처음이 아니다.

만약 캠페인에서 토니 슈왈츠, 밥 스콰이어, 데이비드 가스 같은 이들을 활용할 수 있는데도 불구하고 활용하지 않는다면 이것은 큰 실수이다.

만약 선거에서 승리한다면 모두가 영웅이 될 것이다. 만약 지게 된다면 영광은 아무에게도 돌아가지 않는다는 점을 명심해야 한다.

캠페인에서 활용할 수 있는 최고의 인재를 기용하라. 그리고 누구의 기분이 어떻고 누가 상처받는가에 대해 너무 개의치 말아야 한다.

토니 슈왈츠는 미디어 이론가이자 전문가로 린든 존슨 대통령의 64년 "데이지 꽃" 광고로 주목을 받았고 그 후 지미 카터, 빌 클린턴 등의 대통령선거에서 라디오, 텔레비전 광고를 제작했다.

밥 스콰이어는 다큐멘터리 연출가 출신으로 수많은 민주당 정치인들의 미디어컨설턴트를 맡아왔다. 앨 고어의 정치데뷔부터 미디어컨설턴트를 맡아왔던 스콰이어는 2000년 대선 앨 고어가 자신의 수제자이나 연적 관계가 되어 버린 카터 에스큐를 미디어 책임자로 임명하자 사실상 고어 캠페인에서 물러났다. 2000년 초반 병으로 타계했다.

데이비드 가스는 리차드 기어의 영화 "Power"에서 그를 염두에 두고 그렸을 정도로 명성을 누리는 인물이다. 공화, 민주를 가리지 않고 자신의 판단과 필요에 따라 후보를 결정하고 자신을 들어내지 않고 뒤에서 캠페인을 운영하는 스타일 등이 언론으로부터 가장 마키아벨리적이라는 평가를 받는다. 특히 이스라엘이 이라크 핵기지를 급습하는 결정이 그의 선거전략의 일환이었다는 세계 언론의 비난을 받기도 했다. 결국 뒤지고 있던 메나친 베긴 수상은 이라크 공격을 통해 수상직을 지켰다.

2001년 뉴욕시장 선거에서 공직경험이 전무한 억만장자 마이클 불름버그를 특별한 검증절차 없이 막대한 미디어광고를 통해 당선시킴으로 다시 한번 언론의 주목을 받았다.

대부분의 캠페인은 컨설턴트를 어떻게
활용해야 하는지를 잘 알지 못한다

이상하게 들리지 모르지만 이것은 사실이다. 이 경우는 미국보다는 외국의 경우가 더 그러하다. 몇 년 전 니는 이 문제를 심각하게 고민하다가 "어떻게 정치컨설턴트를 효과적으로 활용할 것인가"라는 보고서를 작성해서 나와 계약을 맺기 위해 찾아오는 고객들에게 배포하고 있다.

대부분의 후보자들과 캠페인 매니저들은 컨설턴트가 무엇을 하고, 무엇을 해야 하는지에 대해 별 생각이 없다. 캠페인에 참여하는 초기에 이 문제를 분명히 짚고 넘어가야 한다. 그래서 고객들의 기대에서 과장이나 비현실적인 부분을 없애도록 해야 한다.

텔레비전 광고에서 환호하는 많은 국민들을
보여 주는 것은 가치가 없다. 다만 후보자를
기쁘게 해 줄 뿐이다

8

어느 라틴아메리카 캠페인에서 광고회사는 자신들이 제작한 스물 두 개의 광고를 나에게 보여줬다.

그 중 열여덟 개가 환호하는 국민들을 보여 주는 것이었다. 단 하나의 광고도 후보자가 시청자들에게 자신이 당선되면 무엇을 하겠다고 얘기하는 광고가 없었다.

우리는 필요한 수정을 했지만 이러한 현상은 각 캠페인에서 지속적으로 나타나고 있다. 선거경험이 없는 광고인들에게 이러한 광고는 아무 쓸모가 없다는 것을 설명하기란 참으로 어렵다.

미국선거 고비용의 주범은 미디어광고이다. 대부분의 선거 자금이 텔레비전 광고에 사용된다. 횟수나 기간이 제한이 없는 관계로 자금을 많이 모으는 후보가 일찍부터 많은 텔레비전 광고로 인지도를 높이고 메시지를 전달하는 이점을 누리게 된다.

미디어팀은 상황의 변화에 맞게 대응하는 광고를 내보내는 준비를 하고 있지만 크게 선거캠페인 미디어광고는 다음과 같이 네 가지로 나누어진다.

1. 후보자를 소개하고 인간적인 면을 알리는 '진기직 광고'
2. 주요 정책에 대한 후보자의 메시지와 비전을 전달하는 '이슈광고'
3. 상대후보와 쟁점을 비교하는 '대비광고'
4. 상대후보의 부정적인 면을 부각시키는 '네거티브 광고'

타이밍은 절대적이다

9

타이밍은 전체 전략에서 절대적 부분을 차지한다.

어떤 이슈의 너무 성급한 활용이나 너무 늦은 활용은 그 효과를 죽이게 된다.

모든 상황은 다르다. 인지도가 낮은 후보의 경우 초기의 미디어 캠페인이 효과적이다. 인지도가 높은 후보의 경우는 일찍부터 시작하는 미디어 캠페인이 낭비가 될 수 있다.

만약 상대후보가 쉽게 반박할 수 있는 공격을 해 온다면 때론 그가 이러한 공격을 반복하도록 놔둔 뒤에 거세게 반박하면 상대후보가 바보처럼 보일 수 있다. 그러나 때로는 상대의 공격에 즉각적으로 대응하는 게 절대적으로 중요하다.

타이밍을 가르친다는 것은 정말 어렵다. 이것의 많은 부분은 감각과 연결된다. 컴퓨터 중심의 캠페인 시대에 아직도 인간의 판단력이 중요한 역할을 한다는 것은 정말 기분 좋은 일이 아닐 수 없다.

"마케팅의 관점에서 보면 8월에 새 상품을 시장에 내 놓는 것은 적합하지 않다." 왜 부시 대통령이 이라크 문제를 2002년 중간선거(미국의 선거일은 11월 첫 번째 화요일이다)를 두 달 앞둔 시점에서 공론화시키고 있는가 하는 뉴욕타임즈 기자의 질문에 대한 앤드류 카드 대통령 비서실장의 대답이다. 결국 이라크 문제로 민주당이 쟁점화 하려던 국내 문제는 별 주목을 받지 못했고 선거에서 패배했다.

91년 중반까지만 해도 92년 대통령선거에서 냉전을 종식시키고 걸프전을 유엔의 깃발아래 승리로 이끈 죠지 부시 당시 대통령의 재선을 의심하는 전문가들은 많지 않았다.

후보를 내야 하는 민주당의 사정도 크게 다르지 않았다. 민주당의 선두주자이자 적자로 거론되어온 마리오 쿠오모 당시 뉴욕 주지사는 불출마를 선언했고, 딕 모리스는 클린턴의 도움 요청에 이번에는 가능하지 않다며 컨설팅 제의를 사양한다.

그러나 부인인 힐러리 클린턴은 92년 선거는 냉전이후 처음으로 외교나 안보가 쟁점이 되지 못하고 민생문제에서 승부가 판가름 날 것으로 판단했고 이럴 경우 남편인 빌 클린턴이 승산이 있다고 결론 내렸다. 물론 이 예상은 적중했다. 2004년 대선을 앞두고 민주당 후보가 10여 명 가까이 나오는 것은 92년의 클린턴 교훈을 통해서이다.

얼마의 돈을 지출하는가는 어떻게 지출하는가
만큼 중요한 문제는 아니다

10

캠페인을 하는데 필요한 충분한 자금을 갖고 있는 것이 얼마나 편리한가에 대해서는 아무도 부인하지 못할 것이다. 그러니 항상 자금력이 풍부한 후보가 이기는 것은 아니다.

다른 많은 요소들이 연관되어 있다. 물론 이들 중 하나는 어떻게 효과적으로 자금을 사용하는가 이다.

정치캠페인에서 자금을 낭비하기는 아주 쉽다. 그리고 사실상 많은 후보자들이 이러한 우를 범한다. 때로는 돈이 많아서 주체할 줄 모르는 상대를 만나기도 한다.

대부분의 후보진영이 최소한의 캠페인을 수행할

수 있을 정도의 자금을 확보하고 있다고 가정할 때 자금을 가장 효과적으로 사용하는 이가 승자가 될 가능성이 높다. 다시 말해 투자한 돈에 비해 가장 높은 이익을 올리는 경우처럼.

주별 선거인단을 통해 당선자를 결정하는 미국 대통령선거의 경우 자금의 효율적 사용은 전략적 결정이며 대단히 중요하다. 예를 들어 1,000만 달러를 캘리포니아 방송광고 비용으로 사용해 49퍼센트의 지지율을 얻었다면 이는 완전한 낭비가 되는 것이다. 왜냐하면 대다수 주들은 한 표라도 이긴 자가 선거인단 전원을 독식하게 되어있기 때문이다.

그 돈의 오분의 일로 테네시, 알칸사, 와이오밍 같은 작은 주들을 공략하는 게 훨씬 남는 장사인 것이다. 다만 뉴욕, 캘리포니아, 텍사스 등에서 너무 일찍 선거를 포기한다면 두 가지 불이익을 감수하게 된다.

하나는 그 주의 같은 당 후보들은 엄청난 고전을 면치 못하고 결과적으로 의회 다수당 장악에 실패하게 되는 원인 제공을 할 수가 있다.

다른 하나는 상대후보 측에서 바로 뒤따라 그 주에서 선거를 최소화하고 다른 박빙의 주에 자금, 시간, 에너지를 집중할 기회를 주는 위험이 있다.

만약 어떤 것이 효과를 발휘하면
그것의 효과가 중단될 때까지 지속하라
11

나는 여러 선거에서 상대 진영이 우리 후보에게 결정적 타격을 입히는 효과적인 광고를 내보낸 뒤 갑작스레 다른 광고로 대치하는 것을 경험하곤 했다.

한 선거가 끝난 뒤 반대진영의 컨설턴트에게 왜 그러한 결정을 했는지를 물었다. 그러자 그는 그 광고는 소기의 목적을 달성했음으로 다른 내용으로 대체하기 위해서 그렇게 했다고 말했다.

새롭다는 것이 더 낫다는 의미는 결코 아님을 명심해야 한다. 미국 속담에 "부러지지 않았으면 고치지 말아라."라는 말이 있다.

메시지는 분명하고
이해할 수 있는가를 꼭 확인해야 한다
12

전체 전략의 일정부분은 올바른 메시지를 규정하고 메시지가 특정 타겟그룹이나 전체 유권자외 커뮤니게이트 하도록 하는 것이다. 메시지가 무엇이든 간에 모든 사람에게 분명하고 쉽게 이해되어야 한다.

1980년 로널드 레이건의 대통령선거 메시지는 훌륭한 예라고 할 수 있다. "나는 미국을 강하게 만들고 세금은 낮추겠습니다." 어떤 것도 이보다 더 분명하고 더욱 효과적일 수 없다. 반면에 상대후보였던 지미 카터는 메시지가 명확하지 못해 아직까지 과연 그것이 무엇이었는지 알지 못한다.

92년 대통령선거 당시 클린턴의 수석 전략가인 제임스 카빌이 힐러리 클린턴이 명명한 상황실(War Room) 칠판에 써놓은 메시지(1. 문제는 경제다, 바보야; 2. 변화 대 정체; 3. 전국민의료보험을 잊지 말자)는 이제 전설이 되었다.

클린턴 팀은 이 세 가지 메시지를 통해 선거를 정의하고 유권자의 선택을 프레임했다.

데니엘 캐네먼 프린스턴대학 교수는 사람들은 어떻게 '프레임'하는가에 따라 선택이 바뀌는 것을 보여줌으로 2002년 노벨경제학 공동 수상자가 되었다. 이를 가장 잘 보여주는 장이 선거이다.

선거는 규정하기 게임이다. 선거의 의미, 후보와 상대후보를 규정하고 서로가 자신들이 만들어 놓은 프레임 안에서 유권자가 선택하기를 유도하는 것이다.

상대후보의 프레임 안에서 캠페인을 벌인다면 부분적 논쟁이나 이벤트 등에서는 이길 수 있으나 선거결과에서 패하게 되는 경우가 대부분이다. 전투에서 이기고 전쟁에서 지는 결과와 같은 것이다.

결코 유권자의 지적능력을 과소평가하지 말아라. 동시에 그들이 받아들일 수 있는 정보량을 과대평가해서도 안 된다

13

유권자는 바보가 아니다. 그러나 종종 올바른 결정(예컨대 여러분의 후보를 지지하는 것과 같은)을 하기에 필요한 충분한 정보를 받아들이지 못한다.

이러한 정보를 찾고 받아들이는 것은 이들의 책임이 아니다. 유권자가 현명한 결정을 할 수 있도록 필요한 정보를 그들이 받아들이기 좋게 만들어 전달하는 것은 여러분의 책임인 것이다.

만일 선거가 끝난 뒤에도 유권자들이 여러분의 후보자가 무엇을 말하려고 했는지 이해하지 못하고 있다면 그것은 후보자의 잘못인 것이다. 유권자의 잘못이 아니다.

나는 더 이상 여론조사 결과를 통해 나타난 유권자들의 세련됨이 놀랍지 않다. 오히려 때때로 후보나 후보진영의 참모들이 보여주는 세련되지 못한 부분을 보면서 놀라곤 한다.

92년과 96년 두 번의 경우 미국의 유권자는 클린턴이 도덕적 결함이 있음을 알고 있었고 이를 싫어했으나 두 번 다 상대후보가 클린턴보다 더 나은 비전과 대안으로 미국을 이끌 수 있을 것이라고 생각하지 않았다. 유권자는 개인적 결함과 국가경영을 분리해 판단한 것이다.

네거티브 공격은 제3자를 통한
미디어광고가 효과적이다

14

　　　　　　　　　캠페인은 네거티브 공격
의 도덕성을 따지는 장이 아니다. 그렇지만 개인적으
로는 간단한 원칙이 있다. 후보자의 공석인 기록에
대한 공격은 공정하지만 그의 사생활에 대한 공격은
그렇지 않다는 것이다.

　그러나 네거티브 공격은 정치생활의 한 부분임을
부인할 수 없다. 만약 여러분이 네거티브 공격을 결정
했다면 최대한 효과적으로 사용해야 한다.

　나는 텔레비전이나 라디오 광고에서 우리 후보가
상대후보를 직접 공격하도록 하지 않는다. 미디어광
고를 통해 우리 후보자는 최대한 "좋은 사람"으로 부

각되도록 노력한다.

여러분의 공격이 정당화되는 시점이라고 느꼈을 때는 여러분의 후보가 아닌 미디어광고에서 아나운서를 활용하거나 인쇄매체 광고를 통하거나 또는 제3자에 의해 메시지가 전달되도록 해야 한다.

네거티브 광고에서 후보자의 얼굴을 보거나 목소리를 듣기가 흔치 않다(상대가 먼저 공격을 했을 경우는 예외이다. 이는 직접 나서서 반박하는 게 신뢰를 높인다는 의미에서 후보자들이 직접 나서는 경우가 많다).

대부분의 경우 언론에 보도된 기사 내용이나 특정 분야 권위자의 의견을 내보냄으로써 광고의 신뢰감을 주거나 상대후보가 말했던 내용들을 직접 보여줌으로써 내용이 사실임을 인식시킨다(이 경우 맥락을 고려하지 않고 순전히 상대후보 흠집을 위해 부분만 편집했을 경우는 도덕적 시비는 물론이고 언론의 비난을 받아 선거에 마이너스를 주게 된다).

라디오의 영향력과 침투력을
간과해서는 안 된다

15

나는 이 부분에 대해 오
랫동안 노래를 불러왔으나 어떤 이들은 여기에 귀기
울이지 않는다.

텔레비전이 가장 감성적이고 설득적인 미디어라는
데에는 이론의 여지가 없다. 그러나 라디오는 아주
가깝게 그 다음인 두 번째 순위이며 텔레비전이 갖지
못하는 몇 가지 장점이 있다. 우선 텔레비전에 비해
제작 비용이 저렴하다. 상대적으로 빠른 시간 안에
제작되어 방영될 수 있다. 특정 타겟층에 더 효과적이
며, 매체비용이 저렴하다.

만약 어떤 사람이라도 라디오의 효과에 대해 의구

심을 갖고 있다면 토니 슈왈츠의 사무실에 찾아가 한 시간만 대화를 가져보면서 그가 만든 작품들을 감상하라고 권하고 싶다. 여러분의 생각을 완전히 바꿔놓을 것이다.

내가 생각하기에 캠페인에서 가장 게으르고 잘못된 일 중의 하나는 텔레비전 광고의 사운드트랙을 그대로 라디오에 옮겨놓는 것이다. 그것은 똑같은 광고 문안을 텔레비전과 신문에 사용하는 것만큼이나 나쁘다. 텔레비전과 라디오는 두 개의 다른 미디어 매체이다.

나는 후보자들이 텔레비전 광고제작에 수십만 달러 이상의 지출에 흔쾌히 동의하면서 2만 5천 달러의 라디오 광고제작에 미친 듯이 소리 지르는 광경을 여러 번 목격한 바 있다.

좋은 라디오 제작자보다는 텔레비전 제작자가 더 많은 게 사실이다. 그러나 누군가 괜찮은 텔레비전 광고를 제작했다고 괜찮은 라디오 광고를 제작할 수 있다는 의미는 아니다. 그리고 이것은 캠페인을 통해 여실히 입증되고 있다.

텔레비전이 주 매체가 된 현재, 라디오는 포괄적 유권자를 겨냥하기보다는 특정계층을 겨냥하는데 활용된다. 예를 들면 히스패닉 유권자, 흑인 유권자, 팝을 즐겨듣는 유권자 등 라디오를 주요 미디어로 사용하는 특정 대상으로 제한된다.

* 공명이론 (Responsive Chord)

토니 슈왈츠는 전자미디어를 매체로 하는 메시지 전달은 인쇄매체와는 달리 메시지가 무엇을 담고 있고 그것이 사실인가 하는 것보다는 메시지가 무엇을 끌어내려고 하는 것인가에 초점을 맞춰야 한다고 주장한다.

그에 따르면 전자미디어를 통한 메시지는 이미 사람들이 가지고 있는 자신들만의 경험이나 느낌을 밖으로 끌어내는 '자극'을 통해 효과를 만든다고 한다. 예를 들면 전자미디어는 후보자의 인터뷰를 듣거나 보면서 발언에 대한 내용을 평가하기보다는 '저 사람은 그 문제에 대해 나와 똑같이 느끼는구나' 하는 반응을 이끌어 낸다는 것이다.

이런 이유로 그는 미디어 제작 시에 사전조사의 중요성을 강조한다. 만약 유권자가 텔레비전을 통해 산 위에 외롭게 앉아 있는 후보자를 접했다고 하자. 유권자는 자신의 각기 다른 경험과 사고체계에 따라 이 모습을 다르게 받아들이고 이해하게 된다. 인쇄매체와 달리 일관된 내용과 사실여부가 지배하는 것이 아니라 각자 내면의 세계가 전자미디어에서 오는 자극에 반응하는 것이다.

이처럼 후보자는 전자미디어를 통한 모습이나 발언을 통해 후보자가 필요로 하는 계층으로부터 원하는 효과를 끌어내려고 하는 것이다.

그의 이러한 미디어철학은 이론적 동지였던 '미디어의 이해'의 저자 마샬 맥루한을 통해 발전되었고 고 존 케네디 주니어가 발행했던 월간지 '죠지'에서 선정한 10대 정치광고에 1위를 포함해 그의 작품이 4개가 포함되었다.

인기 없는 정부가
미칠 영향을 과소평가하지 말아라
16

이것은 분열된 당이 주는 것과 같은 또 다른 숨겨진 장애물 중의 하나이다.

이러한 현상은 어느 선거보다 대통령선거에 큰 영향을 준다. 후보 간에 우열을 가리기 힘든 상황일 때 인기 없는 정부의 후보자가 질 가능성이 높다.

이것은 유권자 태도를 측정할 때 하나의 요인으로 포함되어 조사되어야 한다.

94년 중간선거를 앞둔 시점에서 빌 클린턴 대통령의 인기는 하락하고 있었다. 지역 분위기를 읽은 의원들 일부는 클린턴 대통령과 거리두기를 시도했고 선거유세에 대통령 방문을 사양했다. 이를 감지 못한 대다수 의원들은 낙선의 고배를 맛보았고, 민주당은 40년 만에 의회를 공화당에 넘겨주는 수모를 겪어야 했다.

퍼셉션(Perception)이 리얼리티(Reality)보다
훨씬 중요하다

17

정치캠페인에서 이 점을 배우는 데는 그리 오랜 시간이 걸리지 않는다.

만일 유권자가 후보자 A가 정직한 후보라는 인식을 하게 된다면 그가 실제적으로 도둑질을 했다 해도 최소한 선거캠페인에서는 그 혐의에서 벗어날 수 있다. 만일 유권자가 후보자 B를 사기꾼이라고 인식하고 있다면 4명의 추기경과 16명 주교가 그의 정직함을 입증한다 해도 유권자는 그를 사기꾼이라 생각할 것이다.

가장 생생한 예(아마도 역사상 가장 좋은 예일 것이다)는 로널드 레이건이다. 미국민들은 그가 역대 어느 대통령보다도 자신들의 돈을 굳건히 지켜주는 대통령이라고 믿는다. 사실은 레이건 행정부의 예산적자 폭은 엄청나게 불어나 일반의 상상을 초월할 정도이다.

레이건은 정부예산으로 자신의 농장을 사면서도 민주당은 정부예산을 낭비한다고 뒤집어씌운다. 그리고도 비난을 받지 않는다.

놀랍고 상실감이 들지만(여러분이 민주당원이라면) 사실이다.

여러분은 리얼리티를 중요시하라. 나는 언제든 퍼셉션에 의존할 것이다.

퍼셉션과 감성(emotion), 이 두 가지는 유권자가 후보자를 판단하는 가장 중요한 요소이다. 92년 클린턴 민주당 후보는 명문대 출신에 20대부터 정치인이었다는 이유만으로 서민들의 애환을 모를 것이라는 인식이 유권자들 사이에 팽배했다.

클린턴 캠프는 클린턴의 살아온 과정을 홍보하는 데 전력했고 이는 후보선출 전당대회에서 상영하고 주요 네트워크 텔레비전을 통해 유권자에 전달된 다큐멘터리 "Man from Hope(공교롭게도 클린턴이 태어난 마을이름이 희망의 뜻과 같은 호프이다)"에서 절정에 달았고 클린턴은 이 퍼셉션을 극복할 수 있었다.

96년 공화당 대통령 후보였던 밥 돌은 가장 유머가 많은 정치인 중에 한 사람으로 꼽힌다. 앨 고어 부통령은 기자들 사이에 가정적인 사람으로 소문이 나 있다. 그러나 밥 돌은 유머를 무르는 지루한 노정치인의 이미지 때문에 앨 고어는 차갑고 인간미 없는 관료적 이미지 때문에 일부 유권자에게 외면을 받았다.

이처럼 퍼셉션은 한 번 자리잡으면 그것을 변화시키는데 상당한 노력과 시간이 요구된다. 인지도를 높이는 것도 중요하지만 준비되지 않은 소개는 아예 소개되지 않는 것만 못하다. 그러나 마냥 기다릴 수만은 없다. 내가 나를 소개하지 않으면 상대가 나를 규정하거나 언론의 편의로 규정한다. 그게 곧 국민들이 가지는 나에 대한 퍼셉션이 될 것이다.

캠페인을 운영하는 것은 민주적 절차가 아니다

18

이것은 군대식 운영과 흡사하다. 최소한 이것이 맞게 운영되고 있다면 말이다.

모든 목소리와 의견은 동등하지 않다. 캠페인은 각 분야의 전문가와 경험자들을 보유하고 있어야 한다. 그들의 의사가 더 비중 있게 반영되어야 한다. 만일 여러분이 수술을 해야 한다면 외과의사의 의견이 앰뷸런스 운전사의 의견보다 훨씬 중요함을 인정할 것이다. 그렇지만 여러분이 병원에 빨리 가고자 한다면 앰뷸런스 운전사의 의견을 따라야 할 것이다.

나는 미국의 어느 주지사의 재선거 캠페인에 참여했을 때 그가 중요한 결정을 내려야 할 때 모두의 의견을 묻고 (전과 기록이 있는 운전사의 의견까지 말이다) 종합하는 모습을 경험했다. 민주적일 수는 있으나 전혀 효과적일 수 없다.

캠페인 결정의 궁극적인 책임은 캠페인 매니저가 져야 한다. 만일 그가 후보와 어떤 결정에 대해 논의하고 싶다면 그렇게 하는 것은 무방하다. 만일 그가 신뢰하는 참모들과 논의를 통해 결정하기를 원한다면 그것도 괜찮다. 그러나 그가 이러한 결정을 민주적 방식에 의해 다수결로 결정하려 한다면 그것은 위험천만한 일이다.

여러분의 후보자가 이슈를 이해하는지
확인하라

19

정치컨설팅계 밖에 있는 이들이 볼 때 이것은 당연하고 간단한 문제이다. 그러나 그 내부서 일하는 이들은 이것이 무슨 의미인지 알고 있다.

나에게 "도대체 사람들이 얘기하는 데탕트가 무슨 말이지?" 하고 물었던 미국 상원의원의 경우는 좀 극단적인 예라고 할 수 있다.

올해 초 매릴랜드 주 텔레비전에서는 상원의원 후보자들에게 국내정책과 외교정책에 관해 아주 간단한 질문들을 한 적이 있다. 만약 이것이 고등학교 사회시험이었다면 이들은 모두 낙제했을 것이다.

그리고 후보자가 상대후보의 이슈에 대해 제대로 알지 못하는 것도 잘못된 일이다. 그러나 진짜 문제는 자신의 이슈조차 제대로 알지 못하는 것이다. 이러한 일이 발생함을 명심하라.

바람직하지 못하지만 이슈를 이해하지 못하더라도 성공하는 경우가 있다. 미디어선거, 그것도 심도 있는 토론이 가능하지 않은 '사운드바이트(soundbite)'의 시대에는 더욱 그러하다. 80년과 84년의 레이건, 2000년의 부시는 대통령선거 당선을 통해 이를 입증했고, 2001년 불룸버그 역시 비슷한 경우로 뉴욕시장에 당선되었다. 이들 참모들은 후보자의 언론에 대한 노출을 최대한 자제하고 모든 행사나 인터뷰는 아주 세밀한 부분까지 리허설을 통한 준비로 이슈에 대한 이해에서 허점이 들어나는 것을 최대한 막았다.

선거캠페인은 복잡해서는 안 된다

20

　내가 1972년 저술한 『선거 게임 그리고 그것을 이기는 방법』에 어떤 캠페인에서든 적용하는 간단한 세 가지 순서를 제시한 바 있다.

(1) 무엇을 말할 것인가를 결정하라(메시지)
(2) 어떻게 말할 것인가를 결정하라(매체)
(3) 말하라(실행)

나는 수많은 캠페인을 통해 각종 이름의 위원회와 회의에 참석하면서 각종 직함을 가진 사람들을 만났다. 그들과 함께라면 화장실 찾기도 어려울 것이라는 생각을 가졌다. 이런 상태로는 절대 분명한 그림이 나올 수 없다.

큰 선거에서 캠페인 매니저를 맡거나 컨설턴트가 되는 것은 미식축구에서 코치를 맡는 것과 같다. 여러분은 약 1,000가지 방법과 전술이 머리 속에 들어있을 것이다. 그러나 전체 게임을 통해서 약 25가지 정도의 작전만을 사용하게 된다.

나는 캠페인 매니저들이 비싼 돈을 들여 뉴스레터를 제작해 기존 시지자들에게 보내는 등의 낭비를 하는 경우를 자주 목격했다. 결과적으로 이런 경우는 선거 막바지에 미디어 캠페인에 활용할 자금이 모자라 쩔쩔매는 경우가 다반사였다.

캠페인 조직에서 메시지 그리고 문서에 새기는 그래픽까지 모든 것은 분명해야 하고 복잡하지 않도록 만들어야 한다.

슬로건이나 로고에 너무 집착하지 말아라

21

나는 토니 슈왈츠의 논리를 좋아한다: 만일 특정 부분에 맞으면 활용하고 그렇지 않으면 사용하지 말아라.

너무도 빈번하게 후보나 광고책임자들은 슬로건이나 로고에 집착하는 모습을 보게 된다. 물론 분명히 좋은 슬로건이나 로고들일 것이다. 그러나 그들은 자신들의 슬로건이나 로고가 모든 홍보, 텔레비전 광고, 라디오 광고, 브로셔, 인쇄광고 등에 사용되기를 고집하는 것이 문제이다.

그것이 효과를 발휘할 경우 사용하고 그렇지 않으면 다른 것을 사용하던지 아예 사용하지 말아라.

지지기반을 먼저 방어하라

22

만일 후보자가 강력한 지지기반을 갖고 있다면 그것을 우선적으로 방어하라. 그런 다음 다른 유권자층을 공략하라. 이것은 농시에 투표율을 끌어 올리는 데 유리하게 작용한다.

지지기반이 당연히 지지해 줄 것으로 오판하지 말아야 한다.

2000년 앨 고어가 자신의 출신지인 테네시에서 승리했다면 지금 백악관의 주인은 앨 고어일 것이다.

1960년 존 케네디는 최초의 가톨릭 후보로 가톨릭 유권자들을 통한 열렬한 성원과 지지를 확보한 후에 미국사회의 중심인 개신교 그룹의 지지를 얻기 위해 노력했다.

76년 지미 카터는 자신의 출신지인 남부의 광범위한 지지 없이는 민주당 후보가 될 수 없음을 알고 인종차별주의자였던 알라바마의 죠지 월러스와 연대의 모습을 보였다. 남부의 지지로 후보가 된 카터는 월러스와 거리를 두면서 광범위한 지지를 만들어 갔다.

상대후보 기반을 공략하는 것을 두려워하지 말아야 한다

23

이것은 앞의 포인트와 상충되는 것처럼 들릴 수 있을 것이다. 그러나 그렇지 않다. 첫 번째 지지기반을 방어하고 그 뒤에 상대후보의 기반을 공략하는 것이다.

우리는 간혹 후보자들이 특정 정당이나 지지계층이라는 이유로 연설하는 것을 거부하는 경험을 접하게 된다.

나는 이렇게 주저하거나 거부하는 나의 후보자에게 왜 그가 그들 앞에서 연설을 해야 하는가를 다음과 같이 설명한다.

"만일 후보께서 100명의 민주당원 앞에서 연설하

신다면 후보는 연설 이전에 그들 모두의 지지를 받고 있습니다. 최선의 결과는 그들 모두를 표로 연결하는 것이지만 그들 중 몇몇은 후보의 연설을 들은 뒤에 지지를 철회할 가능성이 있습니다. 만일 후보께서 100명의 공화당원 앞에서 연설하신다면 잃을 표는 한 표도 없지만 획득할 가능성은 항상 있는 것입니다."

이러한 이유로 나는 백인 후보자에게 흑인 동네의 유세를 권하고 흑인 후보자에게 백인 지역에서의 강연을 요청한다. 같은 이유로 부자 후보에게는 빈곤 지역을 가게 하고 도시 이미지의 후보는 농촌으로 들어가게 하는 것이다.

84년 대통령선거를 통해 레이건 캠프는 '레이건 민주당원'이라는 신조어를 만들어냈다. 민주당의 소수민족, 여성우대 정책에 불만을 가지던 백인 노동자층에게 레이건이 손을 내밀었고 이는 성공을 거두었다.

2000년 부시는 급성장하고 있는 히스패닉 층을 겨냥해 스페니시로 별도의 인터넷 사이트를 제작하고 스페니시 광고를 내보내고 히스패닉계 주요 행사에 빈번하게 참석하면서 스페니시로 간단한 인사말을 하는 모습을 미디어에 노출했다. 이러한 노력은 반이민정책에 분노해 열성 민주당이 되었던 히스패닉계의 일부의 지지를 얻는 성과를 거두었다.

여러분이 동부지역에서 한 말을
서부지역에서도 듣고 있음을 명심하라

24

후보자들은 때로 자신들이 자신들의 지역구를 벗어나면 그 지역에 있을 때 하지 못하는 얘기들을 편하게 얘기할 수 있다고 생각하는 경향이 있다.

이와 관련해서 내가 가장 좋아하는 예는 1962년 엔디코트 피바디를 위한 매사추세츠 주지사 선거를 할 때의 일이다. 당시 상대후보는 공화당 현역의 존 볼프 주지사였다.

볼프 주지사는 후에 닉슨 행정부 각료로 등용되는 것이 보여주듯 능력 있는 인물이다. 그가 오레곤 주 포틀랜드에서 당시 케네디 대통령이 제안한 저소득

충 및 노인층에게 주어지는 의료복지 정책을 반대하는 연설을 했다. 놀랍지 않게 우리는 그 소식을 보스턴에서 들었다. 선거일이 며칠 남지 않은 시점이었다. 나는 즉석에서 홍보물을 만들었다. 메시지는 "볼프 주지사는 케네디 대통령의 의료복지정책을 반대한다. 엔디코트 피바디 후보는 이 의료복지정책을 찬성한다."

우리는 이 홍보물을 매사추세츠 주에 사는 60세 이상의 유권자 전부에게 발송했다. 많은 경우 이 홍보물을 선거 하루 전에 받아 보았다고 한다. 피바디 후보는 2천 5백만 명이 투표한 선거에서 3,500여 표 차로 승리했다. 나는 볼프 주지사가 서부지역에서 자신의 패배에 결정적 공헌을 한 이러한 실수를 했다는 것을 믿기 어려웠다.

여러분의 후보가 유권자에게 말하도록 하라
25

후보를 패키지 하는 창조
적 텔레비전 광고 시대라고 일부 컨설턴트들은 후보
들이 유권자에게 직접 얘기할 필요가 없다고 생각하
는 경향이 있다.

이것은 잘못된 생각이다. 국민은 후보자를 직접 보
고 듣고 만나고 싶어 한다. 아마 여러분의 후보는 로
버트 레드포드처럼 생기지도 않았고 로널드 레이건
처럼 연설하지도 못할 것이다. 그래도 국민은 여전히
후보자를 만나고, 듣고, 느끼고 싶어 한다.

컨설팅계에 종사하고 있는 우리들은 간혹 우리가
후보자보다 더 알고 있다는 착각하는 실수에 자주 빠

진다. 이것은 분명 실수이며 착각이다. 이 생활을 하면 할수록 내가 확신을 갖게 되는 것은 텔레비전 광고에서도 눈과 눈이 마주치는 (영국서는 카메라를 직시한다고 한다) 광고가 가장 효과적인 무기가 된다는 것이다.

모든 캠페인은 다르다; 모든 캠페인은 똑 같다

26

모든 캠페인의 목적은 유권자가 상대후보가 아닌 자신의 후보에게 투표하도록 만들려는 동일한 목적을 가지고 있다. 모든 캠페인에서 똑같지는 않다 해도 기본적 운영방식은 유사하다. 여론조사, 전략수립, 메시지 개발, 광고제작, 조직구성, 기금마련 등은 어느 캠페인에서나 없어서는 안 되는 요소이다.

그러나 모든 캠페인은 각자 독특한 상황에 처해 있고 전략 역시 그 주어진 조건과 상황에 맞게 수립되고 진행되어야 한다. 우리는 항상 필요에 맞게 전술을 조절할 수 있어야 한다.

내부에서 스스로 붕괴되는 것을 주의하라

27

이렇게 간단한 법칙이 얼마나 자주 위배되는지를 보면 정말 놀랍다.

다른 요인이 작용했음을 인정하더라도 1984년 월터 먼데일 민주당 후보는 민주당전당대회의 후보 수락연설에서 그가 당선되면 세금을 인상할 것이라고 말한 대목은 그가 갖고 있던 작은 확률의 당선 가능성마저 없애버렸다.

물론 경우에 따라서는 조세인상을 공약으로 내걸고 이기는 후보가 있기도 할 것이다. 그러나 아쉽게도 나는 아직 그런 후보자를 만나보지 못했다.

내가 먼데일의 예를 드는 이유는 이것이 최근에 있

었던 주목받았던 선거이기 때문이다. 후보가 자기 발
등을 찧는 행동을 하는 것은 정말 놀라운 일이다.

상대후보가 무임승차하는 것을
용납해서는 안 된다

28

나는 네거티브 캠페인의 주창자는 아니지만 그렇다고 한쪽 뺨을 때리면 다른 한쪽을 내미는 자비로운 컨설턴트도 아니다.

너무도 자주 후보자가 상대의 네거티브 공격에 반박하기를 거부하고 포지티브 캠페인만을 고집하는 경우를 경험한다.

만일 여러분의 후보가 확실한 선두를 달리고 있고 여러분이 캠페인 전략과 운영에 자신을 갖고 있다거나, 혹은 여론조사를 통해 상대후보의 네거티브 공격이 별 영향을 주지 못한다는 결과가 나왔다면 그렇다면 아마도, 아마도, 여러분은 상대후보의 무임승차를 허락할 수 있을 것이다.

그러나 나라면 이와 반대로 자문을 할 것이다.

후보는 후보 자신이 이러한 네거티브에 대응해야 한다는 부담이나 진흙탕 속에 함께 빠져야 한다는 점 때문에 상대의 주장을 반박하고 재공격하는 것을 주저할 것이다.

품위를 지키려는 자세는 곧잘 선거를 패배로 이끌고 만다.

후보가 모든 공격을 일일이 반박할 필요는 없다. 그러나 후보진영에서는 이것을 해야만 한다. 그렇지 않다면 여러분은 반박되지 않은 성명이 반복되면서 유권자들이 이를 사실로 받아들일 위험을 안게 된다. 이것은 정말 곤경에 빠지게 하는 일이다.

또한 여러분은 상대진영의 각종 네거티브 공격이 이쪽의 반박없이 쌓이고 쌓여 가져다 줄 상처를 과소평가해서는 안 된다.

88년 민주당 후보였던 듀카키스 주지사는 상대의 공격에도 네거티브 선거를 하지 않겠다고 선언했고 역대 어느 선거보다 강력한 네거티브 캠페인을 펼치는 부시 캠프에 대응을 자제했다. 그러나 20퍼센트 가까이 앞섰던 지지율이 불과 3개월 만에 뒤집어지자 듀카키스 캠프는 당황했고 결국 막판에 네거티브 광고를 내보내며 네거티브 선거에 뛰어 들었다. 타이밍을 놓친 네거티브 광고는 큰 반향을 얻지 못했고 듀카키스는 약속을 어긴 신뢰할 수 없는 정치인이 되어 버렸다. 이를 교훈삼은 클린턴은 92년 선거에서 신속대응팀(rapid response)를 만들었고 96년 선거에는 한발 더 나아가서 상대가 네거티브할 내용을 미리 반박하여 타임즈, 뉴스위크 등에서 사전반박(prerebut)이라는 신조를 등장시키게 하기도 했다.

또한 정치광고를 연구하는 브라운대학교의 데럴 웨스트 교수는 96년 클린턴 미디어팀의 광고가 네거티브한 내용이지만 이를 포지티브한 것처럼 포장하고 있다면서 이를 포지티브네거티브 공격이라고 칭하기도 했다.

일찍 시작하라

29

캠페인 기획에는 너무 이르다는 것은 없다. 캠페인 자체를 너무 일찍 시작했을 경우는 있으나 이것은 앞의 것과 다른 의미이다.

내 경험에 비추어 가장 좋은 예는 1968년 알래스카 상원의원 민주당 예비경선에서 현역인 어네스트 그루닝을 역전승으로 물리친 마이크 그레이블의 선거 캠페인이다. 우리는 그레이블의 캠페인을 1966년 12월부터 기획했다. 18개월 후에 우리의 캠페인 기획을 실행했다. 캠페인은 1968년 8월, 2주간 진행되었다.

이른 기획은 여론조사를 하고 분석할 충분한 시간적 여유를 주며, 상대후보를 면밀히 연구하게 해주고 다양한 전략을 논의하고 최고의 전문가들을 선발할 수 있으며, 정신적으로 후보자를 무장하게 해 준다.

늦게 시작했다고 해서 해야 하는 것들이 줄어드는 것이 결코 아니다. 다만 시간이 더 줄어들었을 뿐이다.

이를 가장 귀담아 들은 사람들이 2004년 선거를 앞둔 민주당 대선후보들이다. 퍼미넌트 선거캠페인의 시내라고 하지만 2002년 말부터 이미 여러 명의 후보가 공식 출마를 선언한 바 있고 2003년 초반부터 여러 곳에서 유세나 토론회가 벌어지고 있다. 출마 선언을 앞당기고 일찍부터 준비를 하는 데에는 크게 세 가지 이유가 있다. 하나는 천문학적으로 들어가는 선거자금 때문이다. 남이 시작했는데 나는 가만히 앉아있으면 민주당 후원자들의 돈이 그리로 가기 시작하는 이유에서나 예비경선이 시작되면 돈 쓸 일만 할 텐데 그전에 충분히 자금을 모아야 하고 시간이 많을수록 좋다는 판단에서이다.

다른 하나는 인지도 문제이다. 정치에 대한 일반의 무관심은 단기간 내 인지도를 올리거나 대통령 후보감으로 부각시켜 주지 않는다. 대선출마를 선언하고 후보군에서 함께 미디어의 포커스를 받는 기간이 길면 길수록 인지도의 문제를 극복하게 된다는 판단이다. 마지막은 인재확보에 있다. 각 분야의 뛰어난 인재들을 참모진으로 쓰기 위해서는 후보자가 가능성을 보여주어야 한다. 그것은 자금모금 능력이나 인지도, 미디어의 관심 등이 포함되는 종합적인 요소인 것이다.

지미 카터는 알려진 것과 같이 정직하고 순수한 면 외에 대단히 치밀한 사람이다. 그가 해군 공학도 출신이라는 데서 그의 치밀함을 엿볼 수 있다. 그는 남부의 죠지아 주지사 시절인 60년대 중반부터 전략, 정책, 공보, 홍보, 정무를 담당할 참모들을 찾아 10년 가까이 손발을 맞추며 준비했고 72년 선거후 대학생 신분으로 민주당 후보인 죠지 맥거번의 여론조사를 맡았던 하버드대학의 천재소년 패트릭 캐들을 영입함으로 참모진영을 완성했다. 이를 벤치마킹한 인물이 텍사스 주지사 출신 죠지 W. 부시였다. 그의 전략가 칼 로브는 94년 부시가 주지사에 당선되면서부터 2000년을 준비하는 작업을 해 왔다.

후보를 가꿀 수는 있을 것이다. 그러나 후보를
완전히 바꿀 수는 없다

30

　　　　　　　　나는 캠페인 기간을 통해
여러 면에서 개선된 후보자(어떤 경우는 더 나빠졌
디)들을 보아왔나. 그렇지만 완전히 변화한 후보자는
한번도 보지 못했다.

　물론 여러분은 후보 얼굴에 화장을 할 수 있고 복장
을 짙은 계통을 입도록 만들 수 있고 양말의 색깔을
바꾸거나 안경테를 더 세련되게 할 수 있다. 혹은 후
보자를 더 민첩하고 순발력 있게 만들 수도 있다.

　그러나 항상 명심해야 할 것은 주어진 조건 속에서
일해야 한다는 것이다. 그래서 캠페인의 처음 수립
단계부터 이점을 고려해서 후보에게 맞게 적용해서

수립해야 한다.

　미식축구 코치가 자신의 선수들에 맞춰서 작전을 수립하듯 말이다. 어차피 선수들이 할 수 없는 것을 요구할 수는 없는 일이기 때문이다.

기존의 조직을 활용하라

31

어떤 조직 하나를 만드는 것은 굉장한 일이다. 매트 리즈 같은 이는 "즉석 조직"을 만드는 전문가였고 그것으로 성공한 컨설턴트이지만 그 경우는 아주 예외적이다. 대부분의 경우는 비용이 많이 들고 어렵다.

그것이 가능하다면 나는 기존의 조직을 활용하는 것을 선호한다. 정당이나 특정 이익집단 같은 조직 말이다.

낙태, 총기안전, 비핵화와 같이 감성적 이슈에 후보자와 관점을 같이 하는 조직이라면 큰 도움이 될 수 있다. 최소한 그들은 유용한 회원 주소록이라도 제공

할 수 있다. 그리고 최상으로는 그들의 시간과 노동을
들여 캠페인을 돕고 어떤 경우에는 선거자금도 지원
한다.

여러분의 후보에게 어느 정도의 우선순위에 대한 이해를 주입하려고 노력하라

32

논리적으로는 모든 후보자들은 텔레비전 출연, 특히 프라임시간대의 텔레비전 출연이 캠페인 기긴 중 어떤 행사보다 많은 유권자들이 자신을 보게 될 수 있는 기회라는 것을 알고 있다.

그러나 사실상 대부분의 후보자들이 최상의 텔레비전 출연이나 광고제작을 위해 시간을 투자하고 노력하기를 주저하고 있다. 그들은 이미 그들을 지지하기로 한 100여명의 유권자들을 만나는 데는 하루에도 몇 시간을 투자하지만 최소한 수천, 수만의 유권자가 시청하게 될 텔레비전을 위한 준비시간에는 인색한 것이 사실이다.

이런 이유는 캠페인 일정관리자의 중요성을 다시금 일깨워준다. 일정관리자는 미디어 제작과 같은 캠페인 행사들의 중요성을 이해하고 각종 행사의 경중을 파악해 때로는 텔레비전에서 최상의 모습을 보이기 위해 50명 지지자들의 조찬모임을 취소할 수 있는 자신감을 가져야 한다.

여러 해 전에는 캠페인 예산에서 상대적으로 높은 임금을 지불하고 나를 컨설턴트로 영입하고는 언제든지 만날 수 있는 그룹의 유권자들과 시간을 보내며 나를 할 일 없이 놀리고 있는 후보를 만나면 화가 나서 견딜 수가 없었다. 지금은 그런 상황을 즐길 여유를 갖게 되었지만 그것이 캠페인 입장에서 낭비임은 분명하다.

우선순위에 대한 중요성은 당선 뒤에 국정을 책임지는 정치인으로서 더 강조된다. 대통령학 학자들은 대통령 성공요인으로 수많은 이슈 중에서 우선순위를 정하는 능력과 이것을 관철할 수 있는 설득력을 대표적으로 꼽는다.

레이건은 선거당시 주장했던 감세, 예산절감, 국방비 증액의 약속을 최우선적으로 처리했고 하나의 이슈가 해결되기 전까지는 다른 이슈를 부각시키지 않으려고 노력했다.

알렉산더 헤이그 국무장관이 해임된 이유는 레이건의 우선순위에 없었던 외교문제를 부각시킨 때문이었다. 레이건의 1기는 어느 때보다 성공적이라 평가받는다.

클린턴온 집권 후 이러한 우선순위에 없던 동성연애자의 군대 문제(이 문제가 중요하지 않다는 게 아니라 클린턴 행정부 우선순위가 아니었다는 의미이다) 같은 이슈들이 논쟁의 핵심에 등장하였고 결국에는 전국민의료보험 정책의 법안통과 실패와 94년 중간선거 참패를 경험하게 된다.

새로운 기술을 사용할 때는 꼭 그 분야의
전문가를 활용해야 한다

33

컴퓨터 몇 개를 구입하거나 임대해서, 컴퓨터 강좌 몇 개를 이수한 청소년들에게 컴퓨터 관련 업무를 맡겨 캠페인의 한 부분을 담당하게 한다는 것은 말이 되지 않는다. 그것은 값비싼 텔레비전 제작 장비를 구입한 뒤 확실히 사용법을 모르는 초보자에게 맡기는 것과 같은 의미이다.

만일 여러분의 캠페인이 어떤 종류의 새로운 기술이나 장비를 사용해야 한다면 그 분야의 전문가를 고용하여 확실한 효과를 거두도록 해야 한다.

나는 컴퓨터를 활용해 캠페인을 효과적으로 운영하는 어느 정도의 지식은 가지고 있다. 그러나 절대로 내가 컴퓨터 관련 기술부분을 책임지고 운영하는 것과는 다르다. 나는 그러한 전문지식을 갖고 있지 못하다.

전문가를 고용하는 것 못지않게 전문가를 신뢰하고 활용하는 것도 중요하다. 2000년 공화당 후보로 부시와 맞섰던 죤 맥케인 상원의원은 자신의 열세를 인정하고 새로운 시도를 통해 이를 극복하려고 노력했다. 그 중에 하나가 인터넷이었다. 그는 정치적 경험이 있는 인터넷 전문가를 찾았고 맥스 포스를 인터넷 책임자로 임명했다.

포스는 인터넷에 관한 한 절대적 권한을 가졌고 동시에 다른 핵심참모들과 동등하게 주요회의에 참석하면서 인터넷을 단순한 장식이 아닌 전략의 한 부분으로 이끌어냈다. 맥케인 캠프는 미국선거에서 인터넷 활용의 모범을 보이면서 인터넷 선거의 가능성을 보여주었다.

지지선언을 끌어내는 것은 좋다. 그런데 더 중요한 것은 이것을 제대로 활용하는 것이다

34

인기라는 것은 쉽게 옮겨 다니지 않는다. 만일 한 국가나 주의 가장 인기있는 정치적 인물이 여러분의 후보의 지지를 선언했다면 이것은 모든 그의 표가 여러분의 후보에게 오는 것을 결코 의미하지 않는다.

신중하고 선택적으로 사용할 경우 지지선언은 아주 도움을 줄 수 있다. 바로 얼마 전 있었던 선거에서 내 후보는 정당지도부만의 지지를 받는 정치인이라는 상대후보의 공격을 받았다. 우리는 이러한 공격의 대응으로 첫 텔레비전 광고를 거리의 일반 시민들이 우리 후보를 지지하는 발언 내용을 제작해 방영했다.

만일 후보가 지적인 면에서 떨어진다고 인식된다면 그것을 커버할 수 있는 인물들로부터 지지선언을 얻어낸 뒤 그들이 이 후보자의 지적인 면에 대해 얘기하게 할 필요가 있다. 만일 그가 소수계층으로부터 지지를 받지 못한다고 평가받고 있으면 흑인이나 히스패닉 등 소수민족들로부터 지지를 얻어내서 광고에 방영하는 것이 필요하다.

지지선언이나 지지발언은 특정 집단이나 유권자 계층들로부터 후보자의 신뢰를 높이기 위한 하나의 방법으로 활용된다. 효과적으로 활용할 경우 이러한 지지는 도움이 될 수 있지만 지나친 기대는 하지 말아야 한다.

나는 대중연예인이나 스타들의 지지선언에 그렇게 적극적이지 않은 사람이다. 그러나 때로는 비정치인인 대중스타의 지지발언이 도움이 될 수 있다. 예를 들어 "나는 지금껏 공개적으로 어떤 후보를 지지해 본 적이 없습니다. 그러나 내가 왜 A 후보를 지지하는가를 말씀드리겠습니다.…"와 같은 경우 말이다.

과장된 기대치를 만들지 말아라. 특히 다음에도 승리를 바란다면

35

이 경우는 특히 주지사선거나 대통령선거에서 승리할 가능성이 많고 재선거에 나갈 계획이라면 더욱 그러하다.

만약 후보가 실제적으로 할 수 있는 것보다 더 많은 약속을 할 경우 다음 선거에서 그에 대한 대가를 치르게 될 것이다. 유권자들이 후보자가 한 약속을 다음 선거에서 잊는다 해도(일부는 확실하게 기억할 것이다) 상대후보 측에서 유권자들에게 이것을 꼭 상기시켜 줄 것이다.

후보자가 성취하고 지킬 수 있는 목표와 약속을 세워 실행하는 것이 중요하다.

이러한 과장된 공약이 현실성이 없게 느껴져 현재의 선거에서 후보자의 신뢰도에 상처를 입힐 수 있다.

92년 클린턴은 뉴햄프셔 예비경선에서 폴 송가스 후보에 이어 2등을 했음에도 승리자로 기록되었다. 언론들은 당시 뉴햄프셔 결과의 헤드라인을 "돌아온 아이(Comeback Kid)"로 뽑으며 클린턴을 중심으로 기사를 다뤘다(물론 이 헤드도 클린턴의 침모인 폴 베갈라의 작품이었다). 이유는 클린턴이 각종 스캔들로 이미 죽은 후보이고 잘 하면 3등일 것이라는 인식 때문이었다. 언론의 기대치를 넘어선 클린턴은 그 뒤 순탄하게 후보자리를 거머쥐었다.

10년 전부터 현 부시 대통령의 수석 전략가로 영향력을 발휘하는 칼 로브는 언론이 만들어놓은 기대치 게임을 잘 활용하는 대표적 컨설턴트로 알려져 있다. 이 진가는 2000년 선거의 텔레비전 토론에서 유감없이 입증되었다. 부시 캠프는 토론의 달인인 고어와 어느 정도 버티기만 해도 이기는 것과 다름 없다는 얘기를 계속해 왔다. 그런 가운데 부시는 토론을 앞두고 일주일 가까이 비밀리에 토론에 집중해 왔다(기대치가 올라갈 것에 대비해 비밀로 연습을 한 것은 물론이었다).

반면에 고어는 토론을 통해 부시를 앞지를 것이라고 자신감을 밝혔다. 결과는 누가 더 잘 했는가가 아니라 각자가 만들어 놓은 기대치에 누가 더 잘 했는가로 언론의 점수를 받았다. 고어는 기대치 게임의 피해자가 된 것이다. 레이건 대통령도 재임 중 낮은 기대치를 설정하고 이 기대치를 넘어서는 모습으로 언론의 높은 평가를 받을 수 있었다.

외국선거는 조심스럽게 접근하라

36

여러분은 외국인이기 때문에 캠페인 내부적으로 여러분의 능력이나 당면 문제 해결에 대해 당연한 의구심을 갖게 될 것이다. 만일 여러분이 미국인이라면 이러한 의구심은 일반적으로 증가되는 경향이 있다.

이름을 밝히기 곤란한 나의 가까운 친구의 행동과 자세는 외국 대통령선거의 초반 논의에서 나를 화나게 하곤 했다. 한 번은 이런 경우가 있었다. 두 시간에 걸친 첫 번째 미팅이 끝나자마자 그 친구는 전체 캠페인에 관한 기획을 완료했고 그 나라 캠페인 실무자들에게 무엇이 잘못되었는지를 지적하면서 아주 복잡하게 얽혀있는 문제에 대해 아주 간단한 해결책을 제시했다.

그 친구의 분석 중 일부는 정확했고 옳았다. 그러나 그가 내린 제안의 속도나 절차는 그것에 대한 신뢰를 떨어뜨리게 했다.

외국에서 후보자와 그의 참모들과 관계에서 첫 번째 목표는 그들의 신뢰를 얻는 것이다. 그들이 여러분에 대해 신뢰감을 갖게 된다면 그들과 신뢰를 쌓기 전 첫 번째 미팅에서 제안했다면 받아들여지지 않았을 제안들이 채택되거나 최소한 진지하게 검토될 것이다. 아무리 여러분이 첫 대면부터 선거캠페인에 대한 파악이 끝났다 하더라도 천천히 조심스럽게 접근해야 한다.

참모들에게 여러분은 그들과 경쟁하는 것이
아님을 알게 하라

37

의뢰받은 캠페인의 첫 번째 미팅에서 캠페인에서 나의 역할에 대해 얘기하곤 했다. 니는 후보가 당선된다 하더라도 주지사나 상원의원의 비서실장이나 대변인이나 고위간부가 되는 것에 어떠한 흥미도 없다는 점을 설명했다. 내가 원하는 것은 그들의 후보가 승리하는 것을 돕고 집으로 돌아가는 것이라는 점을 강조했다.

그들이 나를 위협적 존재가 아닌 자원으로 지원체제로 바라보기를 원했다. 일반적으로 이것은 효과를 발휘했다. 그러나 항상 그런 것은 아니다. 어떤 캠페인에서는 자신들의 위치가 불안하다고 생각되는 이들에 의해서 나의 자문이나 제안은 항상 차단되었다. 이것에 관해 특별히 뾰족한 방법은 없다. 이것은 어쩔 수 없는 독소이기 때문이다.

그러나 만일 여러분이 처음부터 후보 참모진과 캠페인 실무자들과의 협력을 위해 노력하고 여러분의 역할이 선거투표일에 끝난다는 것을 확신시킨다면 선거결과에 상관없이 어렵지 않은 캠페인을 할 수 있을 것이다.

만일 여러분의 자문이 받아들여지지 않는다면 그만두어라

38

이러한 충고는 재정적으로 기반이 잡힌 시니어 컨설턴트들에게는 쉬운 얘기일 것이다. 그러나 나는 젊은 시절 배우면서 컨설팅을 하던 때부터 이것을 격언처럼 새기고 실천해 왔다.

만일 여러분의 자문이 지속적으로 무시될 경우 두 가지의 선택이 있을 수 있다. 포기하고 그냥 캠페인에서 할 수 있는 일을 하는 것이거나 그만두는 것이다. 내가 선호하는 것으로 후자로 그만두는 것이다. 이러한 일이 자주 있는 것은 아니다. 지난 30년 동안 아마도 세 번에서 네 번 정도 있었던 것으로 기억한다.

나는 뉴욕 주지사 선거의 예비경선에 나선 후보자

의 미디어 컨설턴트로 일을 한 적이 있었다. 좋은 사람이었지만 일 하기에는 쉽지 않은 후보자였다. 어느 날 오후에 캠페인서 고용한 광고회사 팀들과 커피를 마시면서 캠페인과 후보자에 대한 불만을 늘어놓기 시작했다. 두 잔째 커피를 마실 때쯤에 우리는 모두 그만 둘 것에 동의했다.

우리의 기분은 이 덕분에 한결 나아졌다. 물론 후보자는 패했다. 아마 그 후보자는 어차피 졌을 것이다. 잘 모르겠다. 나는 보통 이런 경우가 닥쳤을 경우 후보자나 캠페인 매니저에게 다음과 같이 말한다.

"당신들은 다른 사람들에게 나를 미디어 실장이라고 소개한다. 그렇지만 사실은 아니지 않는가. 왜냐면 당신들은 미디어 전략에 관해 나의 자문을 받아들이지 않고 있기 때문이다. 당신들은 받아들이지도 않는 내 자문에 대한 대가로 나에게 돈을 지불하고 있고 나는 내 자문을 원하지도 필요하지도 않는 곳에서 일하고 있다. 지금이라도 서로 헤어지고 친구로 남는 것이 어떻겠는가."

여러분의 보수문제를 초반에 매듭지어라.
캠페인을 하고 돈을 받지 못하는 것보다는 아예
처음부터 시작하지 않는 것이 낫다

39

여러분은 나이를 먹어가
면서 배우게 될 것이다. 초창기에 나는 후보와 캠페인
실무진들과이 첫 미팅이 끝나면 선체 캠페인 기획서
를 작성해 후보에게 제출하곤 했다.

그들은 종종 내 제안서를 받은 뒤 특별한 이유 없이
나와의 계약을 거절한 뒤 내가 쓴 것과 거의 유사한
캠페인 기획을 세워 진행하곤 하였다. 나는 더 이상
후보자와 계약서를 작성하기 전까지 캠페인 기획서
를 제출하지 않는다.

내 보수에 포함되는 특정 지출이 있다. 한 예가 일
등석 비행기표이다. 나와 같이 일년에 40번 이상의

해외출장을 다녀야 할 경우 이것은 편안함의 문제가 아니라 생존의 문제이다. 만일 어떤 캠페인에서 나보고 일반석으로 여행할 것을 권유할 경우 그들에게 만일 일등석 비행기표를 제공할 수 없을 경우 어차피 내 서비스에 해당하는 금액을 지불할 수 없을 것이니 없었던 일로 하자고 말한다.

내가 후보자를 아주 잘 알거나 그전에 그와 함께 일을 했거나 하지 않는다면 나는 전체 금액에서 1/4이 선불로 지급되기를 요구한다. 이것은 외국에서 일할 때 특히 중요하다. 만약 후보자나 정당이 선거가 끝난 뒤에 지불하기를 거절할 경우 받을 수 있는 방법이 요원하기 때문이다.

나는 내가 믿는 신념이나 후보자 또는 좋은 친구를 위해서 무급으로 아니면 아주 적은 금액만으로 일해줄 의향이 충분히 있으며, 그런 캠페인이 여러 차례 있었다. 그러나 비즈니스 차원에서 접근했을 때에는 비즈니스처럼 일해야 한다. 이것은 정확한 기일 내에 보수를 지급받는 것을 의미한다.

솔직히 내가 일한 90퍼센트 이상의 정치후보자들
은 나에게 약속한 금액을 지불했다. 몇몇이 이 약속을
지키지 않았는데 나는 아직도 그들의 이름을 머리 속
에 기억하고 있다.

어떤 것도 당연하게 생각하지 말아라

40

캠페인에서 대부분의 정보는 다른 이들에 의존해야 하기 때문에 이것을 지키기가 거의 불가능하다해도 이것은 중요한 충고이다.

최근의 대통령선거에서 농촌 지역 여론이 좋다는 보고로 안심을 했지만 결과는 우리 측이 농촌 지역에서 대패하고 말았다.

만일 여러분이 어떤 정보에 대해 조금이라도 의구심이 들거나 확신이 서지 않을 경우 독립적으로 이 부분을 확인하도록 해야 한다. 여러분이 불안한 지역에 다른 여론조사를 고용해 플래쉬 여론조사를 하는 방법도 생각해 볼 수 있다. 만일 자금이 아직 충분하다고 하는데 각종 물품 대금이 지급되지 않고 있으면 회계장부를 즉각 확인해 보아야 한다(솔직히 나는 캠페인에서 누군가가 어떤 분야나 부분에 대해 "아무 문제없다"라고 얘기할 때 의심이 생기기 시작한다).

여러분이 계속해서 충분한 질문을 할 경우 보통은 만족할만한 답을 얻거나 최소한 그 부분에 대해 상황을 파악하고 주도할 수 있는 입장이 된다. 만약 그렇지 않다면 시간이 충분해서 문제가 불거져 나왔을 경우 해결할 수 있을 여유가 있기를 바래야 한다.

실수를 했을 경우 인정하는 것을 두려워하지 말아라. 그리고 다른 것을 시도하라

41

완전한 캠페인이란 거의 존재하지 않는다. 실수는 발생할 수밖에 없다. 전체 캠페인에서 몇 번의 실수는 계속해서 반복하지 않는 한 그렇게 큰 문제가 되지 않는다.

86년에 참여했던 캠페인에서 한 텔레비전 광고제작자는 후보를 위해 몇 개의 광고를 제작해 방영하였다. 그 광고가 나가자 지지자들이 그 광고를 빨리 내리지 않으면 자신들의 지지를 철회하겠다고 나섰다. 그런데 이 고집스러운 광고제작자는 메시지가 전달되고 진정한 효과를 발휘하려면 두 주는 시간이 있어야 한다며 광고 중단을 거부하고 버텼다.

캠페인 매니저는 현명하게 그 광고를 즉각 중단할 것을 결정했고 지지자들의 원성은 수그러들었다. 결국 그 캠페인은 승리했다.

이 책의 앞부분에 나는 "부서지지 않았다면 고치지 말아라."라는 얘기를 했었다. 그 반대 역시 중요하다. "부러졌다면 즉각 고쳐라."

때로는 후보와 캠페인 매니저 그리고 컨설턴트들은 자신들의 잘못을 인정하고 수정하기보다는 위험한 정책을 그대로 집행하고 밀고 나가는 경우가 있다. 누구나 실수를 하기 마련이다. 현명한 이는 그 잘못을 바로잡는 이들이다.

2000년 부시의 공화당 후보 선출은 의심의 여지가 없었다. 그러나 자신을 아웃사이더로 포지셔닝한 맥케인의 예기치 않은 선전은 부시 캠프를 당황시켰다. 부시 참모들은 부시의 핵심 슬로건인 '인정있는 보수주의(Compassionate Conservative)'

가 본선에서 부동층을 끌어들이는 데는 적합해도 당장 예비선거는 보수층이 다수인 공화당에서는 큰 메리트가 없음을 알아냈다. 이들은 일단 이 슬로건을 뒤로 미루고 맥케인을 겨냥한 '결과를 동반하는 개혁(Reform with Result)'을 들고 나왔다. 이는 맥케인이 말로만 개혁을 외칠 뿐 실제적으로 이룬 성과가 하나도 없음을 부시의 텍사스 주지사 시절의 성과와 대비시켰고, 동시에 아웃사이더로 지지를 받는 맥케인이야말로 상원의원으로 워싱턴의 인사이더이며 반면 부시는 워싱턴에서 떨어진 남부의 경영자임을 알린다는 의미를 가졌다.

반면 본선에서 부시의 상대후보였던 고어는 과도한 방향선회로 낭패를 본 경우다. 첫 번째 토론에서 내용면에서 부시를 압도했음에도 부시를 지나치게 무시했다는 여론의 지적을 받고, 두 번째 토론에서는 부시의 실수에도 반박도 하지 못하고 위축되는 모습을 보였다. 2차 토론의 반응은 1차 토론보다 더 나빴다. 국민들은 도대체 고어의 참 모습이 무엇인가 질문하기 시작했고 고어는 대통령이 되기 위해 뭐든 하는 사람이라는 인식을 주었다. 실수를 인정하되 어떻게 실수를 만회할 것인가는 더욱 중요함을 보여주는 대목이다.

상대후보를 조사하듯 여러분의 후보에 대해서도 철저한 조사를 해야 한다

42

대부분의 캠페인에서 개인이나 팀을 상대후보 조사에 전담시킨다. 이는 상대후보기 알리고 싶지 않은 무엇인가가 있을 것이라는 기대감에서 비롯된다.

내가 맡은 캠페인에서 나는 우리 후보에게도 똑같은 노력을 투여할 것을 주장한다. 만일 우리가 하지 않는다면 상대후보 진영에서 할 것이고, 그쪽에서 조금이라도 우리 후보에게 불리한 내용을 찾았을 경우 우리는 그것을 방어할 만반의 준비가 되어 있어야 하기 때문이다. 상대후보 측에서 전혀 찾지 못할 수도 있다. 그러나 대부분의 경우는 무언가가 있다면 찾기

마련이다. 그렇다면 준비하는 것이 합당하다.

나는 항상 후보와 개별적 미팅을 통해 후보자의 행적 중에 나중에 문제가 될 것이 없는지를 물어본다. 진실을 말하는 후보도 있고 그렇지 않은 후보도 있다.

내가 이와 관련해서 가장 좋아하는 이야기는 남부 주지사로 나선 독신 후보에 관해서이다. 다음은 그와 내가 나눈 대화내용이다.

"죠, 사람들이 나에 관해서 뭐라고 하는지 들어 봤소?"

"아니요. 뭐라고 하는데요?"

"내가 술과 여자를 좋아한다고 떠들고 다닌답니다."

"그게 사실인가요?"

"물론 내가 그런 것은 사실이오."

이런 사람을 어떻게 미워할 수 있겠는가.

88년 민주당 예비경선에서 게리 하트는 개혁후보였고 케네디를 연상케 하는 이미지로 새로운 정치에 대한 기대를 한 몸에 받았으나 어느 날 한 삼류잡지에 여성 모델과 찍은 사진이 공개되면서 외도문제가 도마 위에 올라 결국 후보에서 중도 사퇴하고 말았다. 참모진이 경선 참여 전에 이 문제를 알았더라면 듀카키스가 아닌 게리 하트가 부시와 대권을 겨뤘을 것이다. 이 점을 눈여겨 본 이는 물론 빌 클린턴이었다.

그러나 미국정치에선 다른 이유로 참모들이 후보자의 모든 것을 알고 싶어하지 않는 경향이 존재한다. 클린턴의 모니카 르윈스키 스캔들에서 보았듯이 죠지 스테파노볼로스를 비롯한 측근 참모들이 줄줄이 특별검사를 통해 조사를 받았고 이들이 지불해야만 했던 변호사 비용만 해도 상당했던 것으로 알려졌다. 또한 이러한 경우 어디까지 알았는 지에 따라 처벌을 받을 수도 있는 상황에 이른다.

측근 참모들이 후보자의 너무 많은 것을 알고 싶어하지 않는 경향은 닉슨의 워터게이트 스캔들에서 시작되어 레이건의 이란콘트라 스캔들 등을 통해 강화되어 왔다.

작은 진전은 중요하다. 때로는
결정적일 수 있다

43

　　　　　　　올해 나는 아주 훌륭한
책 한권을 읽었다. 나는 정치컨설팅계의 모든 이들에
게 이 책을 권하고 싶다. 그 책은 『Thinking in Time』
으로 리차드 네스타트(Richard E. Neustadt)와 어네스
트 메이(Ernest R. May)의 공저 작품이다.

　그 책에서 얘기하는 것 중의 하나가 작은 진전이
중요하다는 것이다. 물론 저자들이 정치캠페인을 언
급하지는 않았지만 이것은 정확하게 적용된다.

　30에서 40퍼센트 뒤진 상태에서 시작한 캠페인에
서 한번에 그 격차를 뒤집을 묘수는 거의 없다. 시간
을 두고 작은 진전을 만들면서 따라잡도록 해야 한다.

더욱 중요한 것은 대부분의 선거가 아주 작은 격차로 결정된다는 것이다. 만일 여러분이 모든 유권자 그룹을 대상으로 각각 작은 진전을 만들 수 있다면 이것들이 합해질 때 새로운 결과를 만들 것이다.

76년 선거를 일년 앞둔 시점에서 민주당 후보 중 한 사람이었던 지미 카터는 여론조사에서 6명의 후보 중 최하위를 기록했다. 지지율은 1퍼센트였다. 그러나 카터는 76년 선거를 10여년 전부터 팀을 꾸려서 준비해 오고 있었다. 카터는 당황하지 않고 준비된 계획을 통한 작은 진전들은 변화를 만들었다. 특히 그때까지 아무도 진지하게 다루지 않았던 아이오와의 코커스 모임이 대선후보들의 첫 격전지가 된 것도 카터가 이를 통해 무명의 한계를 극복하기 시작했기 때문이다. 종국에는 이러한 보이지 않는 작은 진전이 쌓여 카터를 백악관의 주인으로 만들었다.

1948년 민주당 후보인 트루먼 대통령은 자신의 각료가 진보당 후보로 나오고 민주당 소속의 주지사가 극우당 후보로 나오는 4자구도 속에서 승리는 가망이 없다는 평가를 받았다. 트루먼은 포기하지 않았고 기차를 타고 주요 도시를 돌면서 다수당인 공화당 의회와 기득권층을 공격했다. 일주일 전 실시된 마지막 여론조사는 공화당의 죤 듀이 후보의 낙승을 예상하고 있었다. 주요 언론은 이처럼 마지막 일주일 하루하루 작은 진전을 이루는 트루먼의 상승세를 체감하지 못했다. 심지어 죤 듀이 후보는 다음날 당선소감을 생각하면서 잠자리에 들었고 트루먼은 마음을 비우고 잠자리에 들었다.

과감한 일격을 할 때와 그렇지 않을 때를 구분해야 한다

44

캠페인에서 과감한 일격이 요구되는 때가 있다. 이러한 경우는 대부분 아래의 상황이다.

- 캠페인이 표류하고 있고 뭔가 전환점이 필요할 때
- 다자간 경선에서 구도를 압축할 필요가 있을 때
- 계속 뒤지고 있고 일반적인 전술이 전혀 효과를 발휘하지 못하고 있을 때

그렇지만 과감한 일격은 위험을 내포하고 있다. 부작용을 낼 가능성이 높고 역효과가 되어 돌아올 수도

있다. 일반적으로 나는 과감한 일격은 다른 방도로는 더 이상 효과를 기대하기 어려울 때만 사용할 것을 권유한다.

만약 여러분의 캠페인이 선두를 달리고 여론조사 결과가 안정되고 전략이 차질없이 진행되고 있다면 과감한 일격을 생각할 필요가 없다. 괜한 시도로 역효과를 불러와 선거를 망치게 할 수도 있기 때문이다.

과감한 일격을 언제 구사할 것인가를 아는 것은 어떤 내용으로 과감한 일격을 구사할 것인가 만큼이나 중요하다 하겠다.

96년 대선 기간동안 공화당 후보 밥 돌이 상승세를 탄 적이 딱 한번 있다. 클린턴 캠프의 무차별적 대응에 고전을 면치 못하던 밥 돌 의원은 돌파구를 찾기 위해 고심했다. 결국 그는 상원의원 원내총무직은 물론이고 의원직마저 사퇴했다. 클린턴 캠프는 거기까지는 미처 생각하지 못했고 제2차대전 참전용사로 상이군인이 되어 돌아와 수십 년간 의회의 상징적 인물이 된 돌이 마지막 인생의 승부를 위해 모든 것을 버리는 돌의 사퇴에 대해 반응하지 못한 채 일주일가량을 보냈다. 의회를 떠나는 고별연설을 통해 새로운 모습을 보여준 돌은 클린턴 캠프의 반응이 없는 틈을 타 자신의 메시지를 전달했고 그의 지지율은 치솟았다. 그러나 돌 캠프는 그 이상의 프로그램을 준비하지 못했고 상승세는 거기서 멈추고 말았다. 돌의 배수진은 훌륭한 전술이었지만 전략이 받쳐주지 못한 결과였다.

작은 것은 중요하다

45

천억이나 조와 같은 숫자는 대부분의 유권자에게 의미가 없다. 그들에게 다가서기 위해서는 그들이 이해할 수 있는 작은 것들과 연관을 맺어야 한다.

한 예로 미국민들이 국방비에 대해 별 관심이나 불만이 없는 이유가 국방비예산이나 지출내역을 이해하기가 쉽지 않기 때문이다. 그러나 공군부대에서 화장실 휴지에 700달러를 지출했고 일반 사회에서 5달러에 구입할 수 있는 망치를 군부대에서 125달러에 구입했다는 보도가 나가자 사람들은 관심을 갖고 분노하기 시작했다. 그들의 일상과 연결이 되는 상황으로 만들어졌기 때문이다.

아이젠하워 대통령의 비서실장을 역임했고 뉴햄프셔의 주지사였던 셔먼 애덤스는 백악관을 아주 효과적으로 경영했고 정부 내에서 가장 강력한 실력자 중의 한 사람이었다. 그러나 보스턴 사업가에게 당시 시가로 200달러하던 털 코트를 선물로 받은 것이 밝혀져 아이젠하워 정권에 타격을 입혔다는 이유로 사임해야만 했다.

이처럼 여러분이 상대후보의 약한 고리를 찾는다면 무조건 큰 이슈에만 집착하는 수고를 덜 것이다. 작은 것들이 캠페인에서 더욱 중요하고 효과적일 수 있다.

일반적으로 컨설팅계에선 대통령선거는 큰 이슈로 가름난다고 알려져 왔다. 전쟁 대 평화, 안정 대 개혁 등. 96년 클린턴의 컴백을 주도한 딕 모리스는 이러한 고정관념을 깨뜨렸다고 할 수 있다. 모리스는 학부모들을 겨냥한 청소년 교복착용, 대학생 자녀를 위한 세제 혜택, 남편들에게 출산 휴가 부여, 총기안전 강화 등 구체적인 정책을 쏟아내며 경제적 부흥기에 들어서 가정의 행복과 안정 등 사회정책에 눈 돌리기 시작한 미국 가정에 호응을 얻었다.

여러분의 후보자가 자신이 무엇인가에 대해
한번 얘기했다고 해서 모두가 그것을 들었을
것이라고 생각해서는 안 된다

46

무엇보다 후보들은 누구
에게도 뒤지지 않는 자존심을 갖고 있다. 이러한 자존
심 중에 하나는 사신이 어떤 연설이나 성명서를 발표
했을 경우 자신이 출마한 지역이나 도시 또는 국가의
유권자들이 그것을 들었거나 최소한 알고 있을 것이
라는 믿음으로 나타난다. 그래서 후보는 유권자들이
자신의 메시지와 포지션이 무엇인지 알 것이라는 그
릇된 생각을 갖기도 한다.

선거를 앞둔 한 제3세계 국가의 대통령은 나에게
국민들은 텔레비전에서 자신의 연설을 자주 대했고
이를 가슴으로 받아들여 자신의 정책에 대해 너무 잘

알고 있다고 말한 적이 있다.

"좋습니다. 여론조사를 한번 해 보지요."

내가 제안했다.

여론조사는 우선 텔레비전을 통해 그 연설을 본 국민이 많지 않았으며, 그 연설을 시청한 국민들이라도 대통령이 무엇을 말하는지 제대로 이해하는 사람들이 별로 없었다.

우리는 선거의 승리를 위해 약간의 변화가 필요한 것은 당연했다.

이것은 단지 제3세계 지도자에게만 일어나는 일이 아님을 명심해야 한다. 내가 일하는 어느 곳에서나 접하게 되는 일이다.

만일 여러분의 후보가 무엇인가 좋은 것을 말했거나 중요한 것을 말했을 경우 끊임없이 반복하도록 해야 한다. 계속 반복해서 그 메시지가 스며들도록 해야 한다. 단순히 한 번의 연설이나 뉴스보도에 의존하지 말아야 한다. 모든 홍보수단에서 이것을 반복해서 알리도록 해야 한다. 광고를 통해서도 이것을 강화할 필요가 있다.

캘리포니아 주지사 피트 윌슨의 홍보컨설턴트였고 캘리포니아 버클리대학에서 정치캠페인을 강의했던 공화당 컨설턴트 댄 슈너는 후보자와 참모들이 선거캠페인에서 가장 어려운 일중의 하나가 일반 국민이 얼마나 정치나 선거에 무관심한가를 이해하는 일이라고 말한다.

국민들은 선거가 코앞에 닥치거나 아니면 성지가 자신들의 생활에 직접적으로 영향을 미치지 않는다면 별 관심을 기울이지 않을 것이다. 선거와 정치 외에도 하루하루에 관심을 기울여야하고 신경 써야 하는 일이 너무도 많은 것이다.

메시지 반복과 집중의 중요성이 여기에 있다. 동시에 메시지가 통일되지 않고 반복되지 않는다면 다른 방송과 신문을 접할 때마다 후보의 다른 메시지를 접하게 될 것이고 유권자는 이를 기억하지 못할 것이다. 메시지가 반복된다면 그래서 어느 매체를 보던지 같은 메시지가 반복된다면 결국 유권자는 그 후보가 무엇을 말하려는지 알게 된다.

언론의 경우도 어떤 질문에든 모든 캠프 구성원이 동일한 메시지를 그것과 연관짓고 반복해서 얘기한다면 결국 후보의 메시지를 담게 될 것이다. 메시지를 내보내는 참모들조차 지겨울 정도로 반복하고 또 반복하라. 그러면 유권자 중 아주 조금은 후보자의 메시지를 기억하게 될 것이다.

만일 미디어 자료가 별로 좋지 않다면 그것이
아무리 비싼 비용으로 만들어졌어도 과감하게
폐기할 수 있어야 한다

47

텔레비전 광고나 홍보 전
단을 고액을 들여 제작했을 경우 그 질이 좋을 것이라
고 믿는 경향이 있나. 일반적으로는 그것은 사실이다.
그러나 때로는 그렇지 않을 수도 있다는 점을 명심해
야 한다.

만일 제작된 광고가 효과가 없거나 최악의 경우 역효
과를 내고 있다고 판단되면 즉시 폐기해야 한다. 최소
한 이것은 방송에 내보내는 비용은 절약하게 될 것이고
이것이 정말 나쁘다면 이것을 내보냈을 경우 선거를
망치게 될 위험을 예방하게 되는 것이다. 덧붙여 나는
이러한 결정을 광고제작자가 하지 않도록 권유한다.

복잡한 문제에 대한 간단한 해결방법을
주의하라. 그런 것은 존재하지 않는다

48

만약 문제가 복잡하다면
해결방법 또한 복잡하다고 봐야 한다.

제안된 해결방안이나 정책을 간단하게 설명할 수
는 있지만 범죄, 마약, 실업, 인플레이션, 주택관련 정
책 등 복잡한 문제들을 간단하게 해결할 수는 없다.
만약에 이러한 문제들을 간단하게 해결할 수 있다고
주장하는 후보가 있다면 그는 해결방법은 둘째치고
문제조차 제대로 이해하지 못하고 있다고 보면 될 것
이다.

어떤 캠페인의 마지막 텔레비전 토론에서 사회자
가 후보자들에게 30초의 시간을 주고 범죄문제의 해

결방안을 설명해 달라는 질문을 하는 것을 듣고는 상당히 화가 난 적이 있었다. 30초 안에 이와 관련한 효과적인 메시지를 전달하는 것은 가능하다. 그러나 범죄를 해결하는 방법을 30초 안에 설명하라는 것은 다른 문제이고 이것은 불가능하다고 생각한다. "모두를 감옥에 집어넣겠습니다." 정도의 단순한 답을 하지 않는다면 말이다.

현대 선거에서 후보자들은 30초 안에 어떤 이슈에 대해 해결방안을 설명할 수도 없고, 또한 설명을 한다 해도 일반 유권자가 상대후보와 우열을 가름할 수도 없다는 것을 알고 있다. 그래서 대부분의 경우 텔레비전 앞에서의 짧은 시간에는 자신의 타겟층이 느끼는 그 이슈에 대한 문제점을 얘기함으로 공감대를 형성한다.

그리고 수신자 부담 전화번호를 알려주거나 웹사이트 주소를 알려주어 관심 있는 유권자가 연락을 하거나 접속을 하면 그 이슈에 대한 해결방안에 대한 상세한 설명과 상대후보와 차이점을 알 수 있게 해준다.

클린턴은 92년 수신자 전화를 설치해 경제정책 책자를 우송했고 각 공공도서관이나 대중장소에 경제정책 책자를 배포해서 경제면에서 대안을 가지고 있는 후보임을 부각시켰다.

예비경선의 여론조사 결과를 경계하라
49

지난 20년간 정치여론조사는 엄청나게 발전해 왔다. 그러나 아직도 정확한 예측이 가능하지 않은 곳이 당 예비경선이다. 이것은 지역선거부터 대통령선거까지 모든 분야에서 사실로 입증된다.

이러한 이유 중의 하나는 낮은 투표율이다. 당원들을 대상으로 한 조사의 응답자 중 3명에서 4명에 한 사람 정도의 비율이 투표장을 찾게 된다. 심지어 예비경선 기권자들을 각종 스크린 질문을 통해 골라내고 있지만 아직도 결과는 여론조사와 실제가 동일하지 않게 나오고 있다.

예비경선에서 여론조사 결과 선두를 달리고 있다고 승리를 자신해서는 안 된다. 또한 뒤지고 있다고 실망할 필요가 없다. 예비경선은 예상하지 못한 결과를 만들어낸다.

열정적인 아마추어를 제한하라
50

정치 프로페셔널들의 가장 큰 고민 중의 하나가 열정과 의욕을 가진 그러나 실제적으로 캠페인에 경험이 전무한 아마추어를 관리하는 일이다.

나는 이들을 볼 때면 미식축구 팬들을 연상한다. 열성적인 팬들은 코치의 작전에 대해 항상 불만을 품고 나름대로 자신들의 작전을 제시하곤 한다.

자원봉사자로서 이들은 큰 문제가 아니다. 왜냐하면 이들이 의사결정권을 가지고 있지 않기 때문이다. 그렇지만 이들이 중요한 역할이나 직책을 맡게 될 경우 얘기는 달라진다. 그들은 그들의 주관적인 생각을 토대로 캠페인에 공헌을 하려 할 것이기 때문이다.

자원봉사자건 선거참모건 경험 있는 전문가 밑에서 일한다면 이들이 아마추어라 할지라도 대단히 중요하고 꼭 필요하다. 그러나 이들이 의사결정을 하게 하는 것을 주의해야 한다. 곧 후회할 일이 생길지도 모른다.

70년대까지만 해도 선거캠페인의 전문성을 인정하는 경우가 많지 않았다. 높아진 미디어에 대한 의존도와 다양한 이익집단을 포괄하는 선거조직의 방대함 그리고 복잡한 선거법은 선거캠페인 전문가 시대를 열었다.

80년 에드워드 케네디는 자신의 대선 캠페인 매니저에 처남을 임명했다. 가족이라는 점이 문제가 아니라 그는 선거캠페인 경험이 전무한 비즈니스맨이었다.

미디어광고 제작을 캠페인 처음부터 끝까지
항상 준비하고 있어야 한다

51

예전에는 텔레비전 광고 제작사와 계약을 할 경우 제작사가 광고를 4주에서 5주 정도의 기간에 맞게 디자인하고 사전 제작하여 선거가 진행되면서 내보내곤 했다.

더 이상은 아니다.

오늘날 여러분은 텔레비전, 라디오, 신문 등 모든 광고제작에 대해 항상 준비를 하고 있어야 한다. 그 순간에 가장 효과적인 광고제작을 해내는 순발력과 융통성을 지니고 있어야 한다.

광고제작에 관한 준비는 언제든지 할 수 있도록 해야 하나 이것이 가능하지 않은 경우 최소한 선거 마지

막 일주일은 스튜디오를 예약해 놓아서 필요한 광고
를 제작, 방영할 수 있는 준비를 하고 있어야 한다.

여러분이 하는 일에는 합당한 이유가 있어야 한다

52

매트 리즈는 캠페인에서 합당한 이유 없이 일을 결정하는 것이 "이걸 해 보면 어떻지?" 하는 신드롬이라고 말했다.

모든 것은 결국 선거기획과 전략으로 돌아간다.

여러분 자신에게 한순간 한순간의 캠페인 과정에서 어려운 질문을 던지도록 하라.

"왜 우리가 지금 이걸 하고 있지?"

"이것으로부터 우리는 무엇을 얻게 되는 거지?"

"우리가 이것을 하지 않으면 어떤 일이 발생하지?"

"이것이 이 만큼의 자금으로 할 수 있는 가장 효과적인 방법인가?"

여러분이 전략에 입각해 결정하고 있다면 여러분이 행하는 모든 스텝 하나하나에는 합당한 이유가 있을 것이다. 여러분이 전략에 입각해서 결정하는 것이 아니라면 여러분의 캠페인은 큰 곤경에 빠진 것이다.

일년 가까운 캠페인에 참여하다 보면 전략적 목표 없이 그냥 그냥 일정을 소화하는 경우가 허다하다. 선거캠페인은 매일매일 계속되는 이벤트의 종합이 아니라 계획적으로 준비되고 능동적으로 대응하는 하나의 이벤트이다.

포퓰리즘을 강조하는 후보가 강행군으로 인한 피로와 수면부족으로 텔레비전에서 피곤하고 힘없는 사람으로 보여졌다면 한 달간 백 개에 가까운 일정을 성공적으로 소화했다 해도 전략적으로는 마이너스가 되기 십상이다.

후보자를 위해 실력 있는 사진작가를 확보해라
53

이것은 아마도 정치캠페인에서 가장 쉬운 과정일 것이다. 그러나 현실에서는 이것이 준비되기 가장 어려운 것 중에 하나이다.

캠페인 초반 나의 첫 번째 자문 중의 하나가 다양한 상황에서 후보자를 가장 잘 포착할 수 있는 사진작가를 확보하라는 것이다. 이미 후보자가 좋은 사진들을 충분히 확보하고 있다고 해도 말이다. 내가 캠페인에서 얻은 결론은 결코 좋은 사진이 충분해 본 적이 없다는 것이다.

후보자들은 종종 시간이 충분할 때 사진 찍는 것을 주저하거나 거부하다가 어쩔 수 없는 마지막 순간이 되어서야 좋은 사진을 찍기 위해 캠페인의 다른 일정을 복잡하게 만들곤 한다.

사진작가는 최고를 고용하라. 비싼 만큼 값어치를 할 것이다. 대부분 유권자들은 여러분의 후보를 직접 보기보다는 사진을 통해서 볼 것이기 때문이다.

현재 폭스케이블뉴스의 사장이며, 닉슨에서 아버지 부시까지 공화당 대통령 후보들의 미디어컨설턴트였던 로저 에일스는 언론은 선거캠페인을 보도할 때 세 가지만을 중심으로 다룬다고 결론 내린다. 첫째는 후보자가 실수할 때, 두 번째는 후보 간에 서로 공격할 때, 세 번째는 좋은 그림을 연출할 때라는 것이다. 이를 토대로 에일스가 후보자에게 주문하는 것은 아주 단순하다. 실수하지 말고 끊임없이 상대를 공격하고 상대의 공격에는 주저하지 말고 반박하고 최대한 좋은 그림을 연출하라.

여러분의 한계를 인정하라

54

우리 모두는 어떤 것은 잘하고 어떤 것은 잘하지 못한다. 그 누구도 모든 정치캠페인의 분야 전반에서 우수하고 완벽하지는 못하다.

최고는 최고를 알아본다. 그들은 자신들이 자신 없는 다른 분야에 최고들을 불러 오는 데 어떠한 주저함도 없다.

때때로 한 분야에서 아주 우수한 재능을 발휘하는, 예를 들면 텔레비전 방송 제작 컨설턴트가 그 분야의 신뢰를 업고 캠페인의 모든 분야를 책임지려 하다 후보와 그 캠페인을 곤경에 빠트리곤 한다.

여론조사가도 이러한 유사한 상황을 만들곤 한다. 일부 여론조사가들은 자신들이 여론을 조사해 거기서 흥미로운 숫자를 뽑아낸다는 이유만으로 선거 전략을 수립하는 전문가라고 믿는다. 이렇게 각 분야의 전문가들이 전체 선거의 최종 결정권을 갖기 위해 충돌할 때 그 캠페인은 최악의 상황으로 간다.

　한 주민발의안을 결정하는 선거의 캠페인에서 핵심 컨설턴트 중 한 명이 텔레비전 광고제작자였던 관계로 텔레비전 광고를 전체 캠페인에 큰 비중을 두도록 전략을 세웠다. 그러나 여론조사는 이 발의안은 이미 과반수 찬성을 받고 있으며, 텔레비전 광고가 나갈수록 지지율이 떨어진다는 것을 발견하게 되었다. 경험 있는 전략가라면 이를 간파하고 모든 텔레비전 광고를 중단하고 다른 방식의 커뮤니케이션으로 메시지를 전달하려고 했을 것이다. 이 선거캠페인에서 캠페인 본부의 결정은 더 많은 텔레비전 광고를 통해 이를 극복한다는 것이다. 대단히 비생산적인 결정이었다.

2000년 고어 민주당 후보는 같은 당 도전자인 브래들리가 예상 외의 강세를 보이면서 상당한 금액의 선거자금을 모으자 우수한 인재를 빼앗길 것이 두려워 민주당에서 웬만큼 이름난 컨설턴트들을 다 자신의 캠프에 합류시켰다.

미디어에 카터에스큐, 전략에 밥 슈럼, 여론조사에 스탠리그린버그, 홍보에 폴 베갈라를 비롯 최고의 스타급 진용을 갖추었다. 각 분야에서 최고라고 자부하는 사람들인지라 자신들이 정한 방향이 절대적으로 맞다고 믿었다.

결국 회의마다 고성이 오가는 모습을 보인 끝에 이들의 갈등이 언론에 보도되기 시작했고 마지막까지 클린턴의 활용 여부와 포퓰리즘 포지셔닝 유지 여부에 대한 결정을 내리지 못했다.

고어는 이들의 자존심을 건 논리싸움에 교통정리를 해주지 못했고 결국 선거는 분명한 결정 없이 막을 내렸다.

신속한 비상연락망 시스템을 신설하고
유지하라
55

캠페인에서는 후보자, 캠페인 매니저, 미디어 실장, 텔레비전 제작자, 여론조사 및 그 외 핵심 실무자와 컨설턴트들과 즉각 연결을 해야 하는 상황이 발생한다. 불행하게도 이러한 상황은 대부분 한밤중이나 일요일 아침 또는 연휴 같은 시간에 발생하곤 한다.

첫 번째 캠페인 프로젝트는 핵심 멤버들과 언제 어디서든 연락이 가능한 비상연락망을 작성하는 것이다. 이러한 비상연락망은 의사결정권이 있는 소수의 사람들에게만 배포되는 것이 바람직하다.

선거기간에 캠페인 본부의 한 사람은 필요할 경우

모든 핵심 멤버들과 즉각 연락을 취할 수 있는 "커뮤니케이션 센터" 역할을 맡을 필요가 있다. 후보자가 지방을 순회 중일 경우 수행보좌관이 하루에도 몇 번씩 "커뮤니케이션 센터"에 연락을 취해 상황을 주고받아야 한다.

실수에 당황하지 말아라. 실수는 발생하게 되어 있다

56

　　　　　　　나는 한번도 완벽한 캠페인을 해 보지 못했다. 나는 어느 누구도 그러한 경험을 하지 못했으리라 생각한다. 실수는 발생할 것이다. 보통은 그렇게 심각하지 않다. 그러나 간혹 심각한 실수를 하기도 한다. 이때 중요한 것은 저질러진 실수에 대해 자책하거나 비난하는데 시간을 허비하지 않고 이 상황을 어떻게 해결할 것인가를 결정하는 것이다. 많은 경우 가장 현명한 것은 무시하고 잊어버리고 지나쳐 가는 것이다.

　인간의 느낌이 이때 중요하게 작용한다. 하나의 실수로 캠페인 관계자들의 사기를 저하시키거나 특정

인을 창피하게 만들지 않도록 주의해야 한다. 물론 같은 사람이 계속해서 실수를 반복할 경우는 전혀 다른 문제이다.

미식축구의 열성적인 팬의 한 사람으로 나는 종종 미식축구에서 선수의 실수에 대해 코치가 보여주는 담담한 반응에 놀랄 때가 한두 번이 아니다. 코치는 시즌이 많이 남아 있으며, 팀은 그 선수를 선발로 필요로 하고 있다는 것을 먼저 인식하고 있는 것이다. 후보와 캠페인 매니저는 이러한 유사한 상황을 보면서 교훈을 얻을 수 있을 것이다.

여러분의 후보를 사랑할 필요까지는 없지만 최소한 존중하는 마음은 지니고 있어야 한다

57

나는 대부분 내가 일했던 후보들을 좋아한다. 몇몇은 나의 아주 가까운 친구가 되었다. 그러나 때론 선거가 끝나고 보기조차 싫어진 후보들도 있다. 나는 최소한 후보를 존중하는 마음이 있다면 그 후보를 좋아하는 마음이 없어도 계속해서 일할 수 있다는 것을 알았다. 만약 여러분이 후보를 좋아하지도 존중하지도 않는다면 제대로 일을 수행하기가 어려울 것이다.

이것을 선거 초반에 깨닫는다면 별 문제가 되지 않는다. 캠페인에 참여하지 않으면 된다. 문제는 처음에 좋은 관계가 캠페인이 지속되면서 악화되는 경우이

다. 여러분은 아주 심각한 결정을 내려야 한다. 남아

할 수 있는 데까지 최선을 다하던가 아니면 그만두던

가.

후보자가 휴식을 취할 수 있도록 배려하라

58

후보자 자존심은 때론 힘든 일정에도 지친 모습을 보이지 않고 휴가까지 반납하고 일정에 매달리려는 모습을 보인다. 그들은 간혹 피곤하고 휴식이 필요한 것처럼 보이는 것이 지도자답지 않은 것이라고 믿는 것처럼 행동한다.

이것은 잘못이다. 피곤한 후보는 의존할 수 없는 후보이다. 그는 곧잘 실수를 유발할 가능성이 높고 별 생각없이 문제가 될 소지의 발언들을 할 수가 있다. 물론 텔레비전에 나오는 얼굴 역시 좋을 수 없다.

예전의 프로 정치인들은 이러한 실수를 만들지 않는다. 휴버트 험프리 부통령은 5일간의 강행군의 뒤에 꼭 하루 동안의 완전한 휴식을 요구했다. 로널드 레이건 대통령 역시 캠페인 중에 충분한 휴식을 즐겼다.

특히 선거 마지막 달에 들어가면서 최소한 2, 3일의 휴식을 갖는 것이 중요하다. 후보가 원치 않는다 해도 강권해야 하는 문제이다. 최상의 컨디션이 아닌 후보자는 캠페인에 위협이다.

전문가를 선정할 때 유의하라

59

선거캠페인 산업이 다양해지고 전문가나 업체들이 캠페인에 필요한 어떤 것도 제공이 가능한 상황이다. 그러나 이들 모두가 똑같이 좋은 것은 아니다. 어떤 것들은 너무 나빠 오히려 캠페인에 피해를 끼치게 된다.

경험 있는 컨설턴트나 캠페인 매니저들은 컴퓨터, 우편홍보, 광고제작, 전화캠페인 등의 여러 분야에서 누가 경험 있고 우수한지를 알 수 있다. 이들 분야 전문가들은 프레젠테이션에서 자신들의 성공담과 우수성을 홍보하겠지만 실패나 취약점을 감추려들 것임을 명심해야 한다.

잘못된 전문가의 선정은 대가를 치르는 실수가 될 수 있음을 명심해야 한다.

자신감은 중요하지만 지나친 자신감은 오히려 해가 된다

60

나는 로우키 접근을 선호한다. 승리할 것을 자신하지만 아주 힘들고 어려운 캠페인을 할 것이라는 것을 항상 염두에 둔다.

실제적으로 이길 것으로 생각하고, 여론조사의 결과도 우위로 나타난 선거에서 처음의 지나친 기대감으로 인해 작은 흔들림에도 캠페인 전체가 흔들리고 승리에 대해 불안해하는 결과가 발생하곤 한다.

항상 지나친 자신감보다는 자신감을 덜 갖는 것이 좋다. 이것은 신중하고 겸손하게 캠페인을 접근하게 할 뿐 아니라 캠페인 관계자들을 더 열심히 일하게 한다.

후보자가 왜 출마했는지 분명히 알게 하고 다음의 질문에 답할 수 있도록 준비시켜라: "왜 내가 상대후보가 아닌 당신에게 투표해야 합니까?"

61

대표적 예가 1980년 현직 대통령이던 지미 카터에 도전해 예비경선 참여를 선언한 에드워드 케네디 상원의원이 이 질문에 대답을 못하고 머뭇거렸던 일이다. "왜 상원의원께서는 대통령에 출마하려 하십니까?" CBS 방송국의 앵커 로저 머드가 질문을 던졌다. 케네디 상원의원은 이 질문에 아무 생각이 없는 듯 잠시 침묵했고 그나마 답변은 장황했고 명확하지 못했다. 사람들은 그 질문으로 케네디 상원의원은 백악관의 꿈을 접어야 했다고 말한다.

"왜 출마하셨습니까?"라는 당연한 질문에 제대로

대답하지 못하는 수많은 후보자들을 보면서 놀라움을 금할 수 없다. 상식적으로 출마를 결심했다면 그 출마에 대한 명확한 동기가 있으리라 생각하지만 실상은 그렇지 못하다.

이것을 당연한 것으로 받아들여서는 안 된다. 만일 후보자가 여러분이 만족할 만한 답을 하지 못하면 출마의 변이 명확하고 납득이 가는 답변이 될 때까지 연습해서 만들어야 한다.

라틴 아메리카의 한 대통령선거에서 저녁식사를 겸해 첫 상견례를 위해 후보자의 집을 방문했다. 그와 함께 15에서 20명의 캠페인 참모진이 있었다(너무 많다. 이것부터 문제가 있음을 암시하는 것이었다). 나는 그 후보자에게 왜 국민들이 상대후보가 아닌 당신에게 투표해야 한다고 생각하냐고 물었다. 방안에 갑작스런 정적이 흘렀다. 몇 분이 흐른 뒤 후보자의 부인이 아주 세련되고 효과적인 답변을 해 주었다. 그 후보는 왜 상대후보가 아닌 자신에게 투표해야 하는지를 모른 채 선거에 출마했지만 이것을 준비할 시간적 여유가 있었고 결과적으로 이겼다. 현재는 그 나라의 대통령이다.

케네디 학습효과는 그 후 선거에 출마하는 모든 후보자가 언론에서 물어 보기도 전에 먼저 간결하고 명료한 출마 변을 준비하도록 하여 발표하는 관례를 만들었다.

토니 슈왈츠는 유권자는 선거에서 네 가지 선택을 가진다고 말한다. A가 좋아 A를 선택하거나, B가 싫어서 A를 선택하거나 아니면 B가 좋아서 B를 선택하거나 A가 싫어서 B를 선택하는 경우이다. 항상 이를 염두에 두고 출마의 변을 준비할 필요가 있다.

후보자의 이름이 어렵다면 그것을 장점으로
활용할 방안을 생각하라
62

　　　　　　미국선거에서　후보자의
이름이 케네디, 카터, 레이건과 같은 경우는 정말 외
우기 쉽고 좋은 이름들이다. 그러나 에드 메즈빈스키
또는 짐 셔워나 프랭크 릭트같은 경우는 철자도 어렵
고 외우기도 쉽지 않다. 이들은 모두 내가 일한 후보
자들이었고 모두 당선되었다. 그러나 이들 이름이 가
진 단점을 극복하기 위해 특별한 노력을 기울였어야
했다.

　메즈빈스키의 경우 토니 슈왈츠가 몇 개의 텔레비
전과 라디오 광고를 제작했다(이것들은 정치광고의
고전이고 여러 선거에서 빈번하게 도용되고 있다). 후

보자의 이름을 의도적으로 잘못 발음하거나 이름이 이상한 것을 가지고 놀리는 광고였다. 토니가 이러한 광고를 통해 전달하려 한 것은 유권자가 에드 메즈빈스키의 이름은 어려워해도 그가 어떤 입장을 취하고 있는지는 알고 있다는 것이다.

내 생각이 잘못된 것일 수 있으나 사람들은 자신들이 발음하기 어렵거나 친숙하지 않은 이름에 투표하기를 주저한다고 생각한다. 자기가 누구에게 투표했는지 주변에 어떻게 얘기할 수 있겠는가?

선제 네거티브

63

　　　　　만일 여러분 후보의 배경에 부정적인 요소가 있고 그것이 상대후보 진영이나 언론을 통해 나올 것이 확실하다면 때로는 캠페인 초반에 여러분이 의도한 방식으로 공개되도록 할 필요가 있다.

　이것은 이 문제가 나온다는 확신이 있을 때만 활용할 전략임을 밝히고자 한다. 물론 그것이 어떤 내용인가 역시 이러한 결정을 하는 데 고려해야 할 사항이다.

　내 경험을 보면 술을 좋아하거나 여자를 밝히거나 신체적 장애가 있는 경우 유권자들 대부분은 크게 문제 삼지 않는다. 그러나 마약을 했거나 정신질환이 있거나 하는 경우에는 달랐다. 후보자가 젊은 시절 법을 어긴 경험이 있다면 이것을 긍정적으로 전화시키도록 노력하라(예컨대, 나는 그 경험을 통해 값진 교훈을 얻었습니다). 그래서 상대후보가 선거 막바지에 이 문제를 공개해서 이슈화할 것을 미연에 방지할 필요가 있다.

만일 실제보다 더 나쁘게 기록된 내용이 있다면 언론을 통해 떠밀려 해명하기보다는 미리 이 문제를 짚고 넘어가는 것이 현명하다.

2000년 선거에서 부시 캠프는 부시 신상에 관해 두 가지 문제의 고민을 안고 있었다. 하나는 마리화나를 한 적이 있는가 하는 것이었고 다른 하나는 음주운전을 하다가 적발된 적이 있는가 하는 것이었다. 부시 참모들은 일단 첫 번째 문제는 인정하지 않기로 의견을 모았다. 증인이 나오기 전까지는 입증할 수 없는 문제이기도 했고 한번 인정하기 시작하면 어디서, 누구와 했는지 등 질문이 꼬리에 꼬리를 물 것이라고 판단한 것이다. 그러나 적발기록이 남아있는 음주운전 문제는 사정이 달랐다. 선거막판에 한 지방언론에서 부시의 음주운전 기록을 확인했다는 보도가 나오자 부시 참모들은 서둘러서 부시의 기자회견을 준비했다. 이 문제가 언론을 통해 알려지고 기자들이 이에 관련한 기사를 쓰기 전에 선제 네거티브 예방에 들어갔고 결국 이 문제는 선거에 큰 영향 없이 넘어갈 수 있었다.

할 필요가 없다면 후보자의 네거티브를
일방적으로 알릴 필요는 없다
64

어떤 후보자도 완벽하지 못하다. 내가 아는 모든 이들은 그들이 하지 않았으면 하는 일이나 말을 한 경험이 있고 이것을 후회하고 있다. 그러나 이것들의 대부분은 선거캠페인에 그렇게 해롭지 않은 것들이다.

정치컨설턴트들은 이러한 잘못을 들춰내거나 시정해 주는 역할을 하는 사람이 아니다. 그것은 상대후보나 언론의 역할일 수는 있다.

이번 교훈이 앞의 "선제 네거티브"와 대립된다고 생각할 수 있으나 실은 그렇지 않다. 예를 들어 여러분의 후보가 고등학교 때 공부도 못하고 대학교도 간신히 졸업했다고 해서 캠페인이 나서서 우리 후보는 좋은 사람인데 그렇게 똑똑하지는 않다고 말할 필요가 없는 것이다. 이러한 이슈는 상대후보가 관심을 두지 않을 것이고 그렇다면 우리 역시 이 문제를 언급할 필요가 없는 것이다.

후보자의 기록을 꾸미지 말아라. 확실하게
발각될 것이다

65

대부분의 경우 후보의 기록을 조작하는 것은 컨설턴트가 아니라 후보 자신이다. 대부분의 컨설턴트들은 그보디는 똑똑하다고 생각한다. 왜 그러한 행동을 하는지 이해하기 힘들 때가 많다.

후보들은 때론 단지 지방대학을 졸업하고서도 하버드 대학교와 같은 명문대학을 졸업했다고 자랑하고 방위로 제대했음에도 월남전 참전 경험이 있다는 얘기를 자랑처럼 하고 다닌다. 나는 평균 유권자들이 후보자가 하버드를 나왔건 동네 대학을 나왔건 사실 크게 관여하지 않는다고 생각한다. 대부분의 사람들이 하버드를 졸업하지 않았기 때문이다. 월남전과 같은 경우도 군복무 경험이 있다는 것만으로도 충분하다.

1986년 매사추세츠 주지사 선거의 공화당 예비경선에서 한 명도 아닌 두 명의 후보자가 기록을 조작한 것이 밝혀져 사퇴를 발표해야 했다. 그러나 사퇴발표가 늦는 바람에 공화당 유권자들은 예비경선에서 이들에게도 투표했고 결과적으로 이들은 차례로 1, 2등을 했다. 아무 기록도 조작하지 않은 3등 후보가 이들을 대신해 공화당 주지사 후보로 선출되었다.

"즉석의 정보가 참여를 유발한다" - 마샬 맥루한

66

15년 전 나는 토니 슈왈츠의 사무실에 앉아 그의 친구의 육성을 녹음한 테이프를 들었던 기억이 있다. 그가 미디어 학자인 고 마샬 맥루한이다. 그 중에 내 시선을 특히 끈 대목이 있다. 내가 정치과정에 관해서 가장 요약적이고 중요한 관찰이라고 생각하는 부분인데 "즉석의 정보가 참여를 유발한다."라는 말이었다.

이것은 주요 뉴스나 이벤트를 곧 바로 후보자의 이슈에 연결시켜 신속하게 정보를 유권자에게 전달할수록 유권자가 받아들이는 효과는 더 커진다는 것이다. 이와 관련한 미디어 이벤트와 광고의 예는 수백 가지 이상 있다.

토니 슈왈츠는 뉴스 속보를 자신의 후보(우호적으로)와 상대후보(비우호적으로)를 연결하여 관계를 설정하여 라디오 광고를 즉석에서 제작하는 천부적 재능을 보였다.

올 봄에 내가 살고 있는 지역에서 카운티 검찰총장 8선에 도전하는 친구의 선거를 도왔다. 우리는 텔레비전 광고로 홍보하고 있는 레이건 대통령의 반마약 캠페인을 활용하기로 했다. "Video Base International of New York"이라는 광고제작 회사는 우리 후보자인 매튜 라이언의 반마약 연설과 기존에 매튜 라이언 관련한 비디오를 편집했다. 그 광고는 이런 식으로 시작한다. "다른 후보들이 마약 사용의 위험을 간파하기 오래 전에 매튜 라이언은 반마약 사용을 제 1의 우선순위로 만들었다.…" 그 광고는 효과를 발휘했고 라이언의 승리에 공헌했다.

"즉석정보"의 위력은 광고보다는 언론보도에서 더 진가를 발한다. 우리는 캠페인 전개에 대해 즉각적 반응을 하려고 노력한다. 만약 즉각적으로 반응하여 이슈화를 하면 언론에 의해 뉴스로 활용될 것들이 즉각적 반응 대신 하루 이틀을 보내면 오래된 얘기로 치부되어 사용가치를 잃게 되는 것이다.

'즉석정보'는 후보자의 메시지와 유권자 사이에 연관성을 창조한다. 예를 들어 신문 1면 탑 뉴스가 환경오염과 관계되었을 경우 오후 브리핑에서 후보가 환경오염의 예방과 대책을 발표할 경우 유권자의 후보자의 환경정책에 대한 참여가 높아진다는 것이다.

원로 컨설턴트인 핼 에리는 후보자의 연설내용을 그날 해당 선거구 언론에서 가장 관심을 보인 뉴스 세 가지를 골라 내용을 만든다고 한다. 그 뉴스로 내용을 채우고 그 안에 메시지를 담을 때 유권자에게 알기 쉽게 다가가고 오래 기억된다고 경험을 얘기한 적이 있다.

항상 태스크 포스팀을 만들어라

67

이것은 다양한 이름으로 불리워질 수 있다. 중요한 것은 캠페인에서 경험과 감각이 있는 소수의 정예부대가 하루에 한 번, 또는 일주일에 한 번 정기적으로 만나는 것이다.

개인적으로 나는 이 모임이 아침 일찍 이루어지는 것을 선호하고 참석 인원은 5명 정도가 적합하다고 생각한다. 하루의 진행을 분석하고 어떤 대응을 할 것인가를 결정하고 누가 어떤 액션을 취할 것인가를 결정하는 모임이다.

대부분의 경우 최선의 대응은 무대응이 되기도 한다. 그러나 대응이 필요하다고 생각되었을 때 핵심 멤버들이 이 결정과정에 참여해서 신속하고 올바른 결정을 하는 것이 중요하다.

상대진영이 무엇을 의도하는 지 살펴라

68

　　　　　　　상대가 어떤 움직임을 보이는 지를 파악하는 것은 꼭 정치 9단만 할 수 있는 것이 아니다. 그런데도 거의 모든 캠페인에서 이점에 관심을 두지 않는다는 것은 놀라운 일이다.

　상대후보의 기록에서 시작하라. 만일 상대후보가 이미 선거경험이 있다면 그때의 기록을 검토하고 그의 컨설턴트와 참모진의 특성과 스타일을 분석하라. 모든 공개적 발언과 관련 자료는 수집하고 검토하라. 가능하다면 누군가가 상대후보의 공개 행사에 참석해서 모니터 하도록 해라.

　상대후보에 대해 더 많이 자세하게 알수록 선거에

서 승리할 확률은 더 높아진다는 점을 명심하라.

전문가들 사이에 '오포(oppo)'라고 부르는 상대후보에 대한 조사(Opposition research)는 선거전략의 수립에 핵심적 요소로 자리 잡았다.

88년 죠지 부시 공화당 후보의 캠페인 매니저였던 고 리 애트워터는 명문대학 출신의 젊은 직원으로 '오포' 팀을 구성하고 이들을 '샌님들(nerds)'이라고 불렀디. 팀징을 밑은 스탠포느 대학 출신의 제임스 핑커튼에게 엽서 크기의 카드를 주면서 듀카키스의 약점을 조사해서 그 결과를 토대로 이번 선거에서 부시 진영이 활용해야 하는 이슈를 적어 올 것을 지시했다. 지금은 죠지워싱턴대학교 정치경영학 교수인 핑커튼은 '샌님들'과 함께 모든 자료를 샅샅이 뒤진 뒤 범죄, 환경, 국방을 쟁점으로 그 카드를 가득 채웠고 이는 네거티브 캠페인의 핵심자료로 활용되었다.

'적의 적'이 반드시 여러분의 친구가 되지는 않는다

69

전쟁이나 사랑 또는 상류사회에서 "나의 '적의 적'은 친구다."라는 등식이 사실일 수 있다. 그러나 정치에서는 아닌 경우가 더 많다.

물론 정치에서도 이것이 사실일 수 있다. 그래도 일반적으로 나는 여러분이 적의 적과 거리를 유지할 것을 권하고 싶다.

보통 이들 '적의 적'은 상대후보에게 불평과 불만이 높을 것이다. 그들의 이러한 불평불만은 정당하고 사실일 수 있다. 그렇지만 이들의 이러한 불평불만이 개인감정과 뒤섞여서 정당하지 않거나 사실에 근거하지 않는 내용들일 수 있다는 점에 유의해야 한다.

나는 이들 '적의 적'과의 관계를 대단히 조심스럽게 유지해야 한다는 것을 충고하고 싶다. 이들을 자세히 조사하다 보면 때로 이들과 친구관계보다는 적의 관계를 유지하는 게 더 바람직하다는 생각을 하게 된다.

이러한 관측은 주로 개인에 관한 것이다. 특정 그룹이나 이익 단체, 협회 등에서 현역후보에게 실망했거나 도전후보의 공약에 위협을 느껴서 이들 후보의 낙선을 위해 여러분의 후보를 돕게 되는 경우가 종종 있다. 이 경우는 전혀 다른 문제이다.

상대후보의 모든 포지션과 입장을 반대할 필요는 없다

70

나는 현역 대통령이나 주지사가 괜찮은 정책실행을 단지 상대후보가 먼저 제안했다는 이유로 거부하는 경우를 경험했다. 또한 상대후보가 하는 것은 무엇이든지 반대해야 한다는 생각을 갖고 있는 후보자들을 만나게 된다.

이것은 말이 안 되는 얘기다. 상대후보라 할지라도 때로는 맞는 이야기를 하고 올바른 정책을 제시한다. 멈춘 시계도 하루에 두 번은 시간을 맞추는 것을 상기해 보자.

모든 것을 비판하면 여러분 후보자의 신뢰 역시 그만큼 낮아진다. 나는 공격이나 반박의 횟수는 줄이고 이것을 할 때면 총력을 기울여서 확실한 타격을 입히는 것을 선호한다.

때로는 상대후보의 모든 발언이나 행동을 비판하는 것은 계산된 전략일 수 있다. 현재 내가 관계하고 있는 베네쥬엘라에서 야당은 현 정부의 모든 것을 비판하기로 전략을 정하고 공격한다는 느낌을 받고 있다. 그러나 이러한 전략은 역효과를 낼 가능성이 높다. 결과를 기다려 보도록 하자.

후보자간 토론에서 빠지지 않는 질문이나 후보자들이 가장 잘 대답하지 못하는 질문이 있다. 상대후보의 장점을 얘기해 달라는 것이다. 96년 선거를 앞둔 클린턴은 의회를 장악한 공화당에 각을 세우기보다는 공화당의 아젠다를 먼저 포용하고 클린턴식의 해결방안을 내놓는 방식으로 공화당을 무력화 시켰다. 싸울 생각만 하던 공화당 쿠데타의 수장인 깅그리치는 의외의 대응에 결국 2년 만에 정계은퇴를 선언하기에 이른다.

진정한 권력이 어디에 있는지를 배워라
71

캠페인 조직에서 높은 위치의 직함을 가진 이들이 힘을 발휘하는 것이 보통이지만 때로는 다른 곳에 진짜 권력자가 있을 수 있다. 후보의 가장 큰 후원자가 그 실력자일 수 있고 부인이나 진정으로 믿는 참모 또는 오랫동안 함께 지내온 친구가 공식조직의 직함에 상관없는 진정한 권력자일 수 있다.

이것은 도전자나 현역이나 모두 해당된다.

현명한 컨설턴트는 진정한 권력이 누구이고 어떤 식으로 그 권력이 운영되는 지를 파악할 때까지 조용히 관찰한다. 그리곤 그 권력을 캠페인을 위해 어떤 식으로 활용할 것인지를 결정한다. 이것은 실권이 없는 사람들과의 관계를 통해서 낭비할 시간을 줄여주는 역할을 한다.

모든 숨은 실력자들이 부정적인 것만은 아니다. 이들 중 많은 경우는 자신들의 권한을 매우 조심스럽고 효과적으로 행사한다. 무엇보다 이들이 누구인지를 아는 것은 어쨌든 도움이 되는 것만은 분명하다.

정보는 힘이다: 현명하게 사용하라
72

정보는 절대적이다. 특히 여러분이 누구보다 먼저 안다면 말이다.

정보를 습득하는 것도 중요하지만 그것을 어떻게 활용하는 가는 더욱 중요하다. 그래서 나는 항상 후보에게 먼저 여론조사를 할 것을 요청한다. 그리고 그 결과를 바로 분석하여 보고한다. 상대후보가 아직 상황파악을 하고 있지 못할 때 상황을 이해하는 것은 유리한 고지를 선점하는 것과 같다.

어떤 형식의 정치정보든 유용하다. 그러나 여론조사의 통계데이터와 같이 가공되고 분석된 뒤 분별력 있게 사용되어야만 진정한 진가를 발휘할 수 있다.

패인을 분석하라
73

나는 선거캠페인에서 승리를 통해서보다는 패배를 통해 더 많은 것을 배울 수 있다고 믿는다. 일반적으로 후보자나 컨설턴트는 승리할 경우 왜 승리했는지에 대해 분석하기를 게을리 하고 선거 후 조사나 다른 유용한 정보를 볼 필요성을 느끼지 못한다.

그러나 패배했을 경우 캠페인 기간의 모든 결정을 되돌아보게 되고 전략을 재평가하고 모든 여론조사를 다시 한번 챙겨서 분석하게 된다. 그리곤 어디서 무엇이 잘못되었고 왜 유권자들이 그렇게 움직였는지를 알아내려고 애쓴다.

물론 계속해서 패할 경우 이러한 분석이 별 필요가 없게 된다. 그때는 다른 직장을 알아볼 필요가 있다.

클린턴의 전략가인 제임스 카빌은 30대 초반에 변호사직을 그만두고 정치컨설팅 세계에 뛰어들어 10년 동안 자신이 주요 역할을 맡은 선거에서 한 번도 이기지 못했다. 당연히 그를 찾는 고객도 없었다. 그는 40이 넘은 나이에 끼니를 걱정해야 할 정도로 힘든 경험을 했지만 모든 패배를 통해 교훈을 얻었고 똑같은 실수를 되풀이 하지 않으려고 노력했다. 그리고 아무도 맡지 않으려는 가능성 없는 후보들을 연속적으로 당선시키면서 급기야는 뉴욕타임즈와 월스트리 저널 등에서 주목하는 스타급 컨설턴트가 되었고 92년 민주당 대선후보 대부분으로부터 구애를 받기에 이른 것이다.

리차드 닉슨은 60년 대통령선거와 62년 캘리포니아 주지사의 패배를 교훈으로 68년 선거를 계획했다. 레이건 역시 68, 76년 두 번의 대선 도전 패배를 교훈 삼아 80년을 준비했다.

유권자가 어떻게 투표할 것인가가 그 유권자가
누가 당선될 것으로 생각하는 것보다 훨씬
중요하다

74

이것은 내가 경험이 많지
않은 캠페인 관계자들과 일할 때 설명하기 가장 힘들
었던 부분이다. 나는 솔직히 왜 정치여론조사가(공공
여론조사가 아닌)들이 답변자들에게 '누가 당선 가
능성이 높다고 생각하는가'라는 질문을 하는 지 조차
이해하지 못한다. 이것은 후보자에게 괜한 자신감이
나 불안감을 심어주게 된다.

나는 언제나 조사 응답자들이 우리 후보에게 투표
하겠으나 당선은 상대후보가 될 것 같다고 대답하는
것을 당선은 우리 후보가 될 것 같으나 상대후보에게
투표하겠다는 것보다 선호한다.

라틴 아메리카에서는 어떤 이유에선지 "선생님께서는 누구에게 투표할 것인가와 상관없이 누가 당선될 것이라고 생각하십니까?" 라는 질문을 꼭 포함시킨다.

솔직하게 말하면 나는 결국 그 질문이 가치 없고 위험하다고 설득시킬 수 없었다. 그러나 그들 역시 이 질문이 어떤 식으로든 캠페인에 도움이 된다는 것을 입증하지 못했다.

계산하는 법을 배워라

75

        대부분의 사람들은 초등학교에서 덧셈, 뺄셈을 배운 뒤 캠페인에 참여하게 된 나이가 들면 이 계산하는 법을 모두 잊어버리는 것 같은 생각이 든다.

이 계산 능력은 특히 대의원들이 참여하는 전당대회를 치를 경우 더욱 중요하다. 대의원들의 수는 실제에 근거한 확실한 것이어야 하며 그렇지 않는 예상치는 아무 소용이 없다.

이러한 캠페인에서 실무자들이 산출한 대의원 수를 보고 나는 항상 어떻게 이러한 수를 얻었는지를 묻는다. 그들은 대의원들에게 전화해서 어느 후보진영인지를 밝히고 누구를 지지하는 지를 물은 결과라고 했다. 나는 그들에게 상대후보의 이름으로 똑같은 전화를 할 것을 지시했다.

당연하게 결과는 전혀 다르게 나타났다.

단지 다르다고 해서 더 좋은 것을 의미하지는 않는다

76

종종 남들과 다른 방식으로 캠페인을 진행해 줄 것을 요구받는다. 만일 다른 방식의 캠페인이 기존의 방식보나 좋은 셜과를 얻는다면 당연히 찬성이다. 그러나 꼭 그렇지 않은 것이 문제이다.

내 견해로는 변화를 위한 변화는 시간, 인력과 돈의 낭비이다. 원래 하던 방식이 문제가 없다면 고수하라. 만일 캠페인에서 활용한 특정 기법이 성공적이었다면 그것이 효과가 없을 때까지 똑같이 사용하라.

만일 변화를 줄 필요성이 생겼을 때는 변화를 주되 그것이 개선을 의미하도록 만들어야 한다.

자신이나 후보자를 속이는 우를 범하지 말아라
77

상대후보를 속이거나 때론 유권자를 속이는 문제는 있을 수 있다. 그러나 여러분 자신이나 여러분의 후보를 속이는 것은 선거를 망치는 한 가지 방법이다.

후보들은 몇 번의 선거 이벤트가 있은 뒤에 여론조사를 실시하기를 원한다. 이럴 경우 조사 결과는 좋게 나올 가능성이 높기 때문이다. 나는 오히려 그 이전에 실시해 진짜 여론을 읽기를 선호한다.

올 여름 나는 여론조사를 해 달라는 하원의원의 의뢰를 받았다. 그 의원은 32년간 의원생활을 했고 70대 중반의 나이이다. 이번 선거에서도 거의 유일한 난제는 나이 문제였다.

문제는 그 의원 참모들이 여론조사에서 나이에 관한 어떤 질문도 하지 못하도록 하는 것이었다. 그들이 걱정한 것은 이러한 질문으로 인해 유권자들에게 그 의원의 나이를 상기시킬까 두려웠던 것이다.

이것은 그들이 얼마만큼 여론조사를 이해하고 있지 못한가를 보여주는 것이다.

물 잔의 물이 반이나 남았는가 아니면 반 밖에 남지 않았는가와 같은 문제이다. 나는 후보자에게 여론조사 보고서를 실명할 때는 항상 의도적으로 보수적 관점을 택한다. 일반 대중에게 공개될 때는 물론 다른 이야기이지만 우리끼리는 냉정한 현실을 이해하도록 해야 한다.

후보자들은 물론 비관적인 내용보다는 낙관적인 내용을 원한다. 그러나 후보자가 진실을 알고 이에 대처하도록 하는 것이 중요하다.

세력이 있는 기반은 도움이 된다
78

캠페인에서 세력이 있는 기반은 절대적이지는 않지만 분명 도움이 된다. 이러한 기반은 지역적인 것일 수도 있고 인종적인 것이나 이념적인 것일 수도 있다.

만일 여러분이 세력이 있는 기반에서 시작한다면 뭔가 다질 것이 있는 것이다.

만일 그러한 기반이 없다면 그러한 기반을 만들도록 노력을 하며 동시에 다른 장점으로 관심을 돌리도록 유도할 필요가 있다.

어느 후보 건 세력 있는 기반을 업고 시작하는 캠페인은 분명 유리하다.

60대 이후 대권도전에 성공한 민주당 후보는 대통령-부통령 티켓 중에 최소한 한 사람은 남부 출신이었다. 존슨 대통령의 민권정책 통과로 불만을 품은 남부인들은 닉슨 대통령의 이론가인 케빈 필립스의 '남부권 전략(Southern Strategy)'으로 완전히 공화당 지지로 선회했다. 남부지역에서 균형을 이루지 못하고는 당선 가능성이 어렵다고 판단한 민주당은 남부 기반을 가진 후보자를 선호하게 되었다.

그 대표적인 예로 84년 앨 프럼을 중심으로 한 남부정치인들은 민주지도자위원회(Democratic Leadership Council)라는 남부정치인 중심 계파를 구성하고 그 산하 진보정책연구소(Progressive Policy Institute, 이들의 정책은 민주당내 중도를 담고 있으나 민주당의 리버럴한 이미지를 바꾸는 것이 진보라는 의미에서 진보라는 단어를 쓴 것이다.)를 두고 민주당을 지지하는 남부기반을 다시 만들어 나가면서 수권 준비를 해 나갔고 92년 민주지도자위원회 회장을 역임했던 클린턴의 성공으로 그 결실을 거두게 된다.

시각적 상징의 중요성을 과소평가하지 말아라
79

어떤 후보들은 외모가 된다거나 카리스마가 있다는 얘기를 듣는다.

이것은 종종 후보자의 생김새와 옷차림 그리고 겉모양에 대한 관리에 의해 평가된다.

후보자가 옷 잘 입고 멋있게 보이기 위해 꼭 잘 생길 필요는 없다. 나는 후보자가 옷차림에 신경을 쓰지 않고 아무렇게나 입는다면 다른 분야에서도 그는 분명 주의 깊지 못할 것이라는 의심을 해 보곤 한다.

반대의 경우로 내가 일했던 남부지역 후보자는 롤스로이스를 타고 다녀 이미지에 손상을 입었다. 나는 그에게 포드에 쉐비와 같은 그 지역 서민과 중산층이

타는 차로 바꿀 것을 제안했다.

88년 듀카키스는 군통수권자로서의 이미지가 약하다는 지적을 만회하기 위해 탱크 위에서 철모를 쓰는 모습을 연출했으나 이는 최악의 결과를 만들고 말았다. 뉴스에 보도된 그의 모습은 철모에 푹 들어간 머리는 나약하고 어색한 이미지였다.

64년 공화당의 후보 베리 골드워터는 보수 중의 보수로 공화당 내에서도 우려를 보이며, 본선에서 존슨 대통령에게 참패를 했으나 80년 레이건은 골드워터와 별 다르지 않은 보수정책을 유지하고도 국민의 선택을 받았다.

학자들은 이 결과를 보수주의도 어떻게 보여지는가에 따라 성공할 수 있음을 보이는 것이라고 지적한다. 레이건 현상을 '웃음띤 보수주의 승리'라고 부른다. 메시지 못지 않게 메신저가 중요함을 얘기하는 대목이다. '무엇을 말하는가 보다 어떻게 말하는가가 더 중요하다'는 이제 정치권에서는 더 이상 새로운 얘기가 아니다.

만일 네거티브 캠페인을 할 필요가 없으면 하지 말아라. 그러나 해야 한다면 확실하게 해야 한다

80

대다수 컨설턴트들과 같이 나 역시 네거티브 캠페인이 선거에서 지나치게 많이 사용되고 있다고 믿는다. 그러나 네거티브 캠페인이 빈번하게 사용되는 이유는 간단하다. 어떤 후보를 위해 투표를 하도록 설득하기보다는 어떤 후보를 반대하는 투표를 하도록 설득하기가 훨씬 쉽기 때문이다.

그렇지만 고리타분하다고 생각할 지 몰라도 캠페인의 효과를 떠나서라도 후보자라면 유권자에게 당선되면 무엇을 할 것이고 현안에 대해 어떤 해결책을 제시할 것인가를 밝히는 것이 당연한 의무라고 생각한다.

캠페인은 대부분 네거티브 캠페인을 선호한다. 대부분의 경우 우리는 이것을 사용해야 한다. 그러나 가끔은 그럴 필요가 없는 경우가 있다. 나는 우리가 네거티브 캠페인없이 이길 수 있다면 이것을 사용하지 않는 것을 선호한다.

네거티브 캠페인을 해야 한다고 느낄 때 확실하게 해야 한다. 어차피한다면 제대로 해야 한다. 그냥 건드려보고 마는 식이라면 시작하지 않는 것이 낫다.

나는 네거티브 캠페인에서 상대후보 이름은 거론하지 말라는 얘기에 동의하지 않는다. 만약 누군가를 "개새끼"라고 부르려면 유권자의 마음속에 그것이 무슨 의미인지 작은 의구심이라도 남겨서는 안 된다. 정확하게 누구를 의미하고 왜 그런지를 유권자에게 전달해야 한다.

그러나 네거티브 캠페인은 가족문제까지 건드려서는 안 된다는 게 내 신념이다. 상대후보의 모든 것은 철저히 파헤쳐져야 하지만 부인이나 자녀의 문제는 캠페인에서 거론할 주제가 아니라는 게 내 의견이다.

가장 영향력이 높은 매체를 장악하라

얼마 전에 뉴욕시내를 산책하다가 한 서점에서 지역선거에서 전국선거까지 정치캠페인하는 법에 관한 책을 보았다. 습관처럼 책 뒷부분 찾아보기에서 내 이름이 나온 페이지를 찾은 뒤 그곳을 펼쳐보았다. 거기에는 다음과 같은 이야기가 써 있었다.

"많은 캠페인 매니저들은 경험 많은 정치컨설턴트 죠셉 나폴리탄의 '가장 영향력이 높은 매체를 장악하라'는 충고를 따른다."

나는 솔직히 내가 이 말을 했는지 기억하지 못하고 작가가 어디서 이 얘기를 들었는지도 알지 못한다.

정말 내가 한 말이라면 기억하지 못하는 것을 미안하게 생각하고 내가 아닌 다른 이의 말이라면 내가 그 사람의 크레딧을 뺏은 것 같아 미안하다.

어쨌든 이것은 지당하게 들린다.

영향력 있는 매체는 다양하다. 많은 캠페인에서 그것은 텔레비전이다. 그러나 어떤 경우는 신문이나 라디오가 더 높은 영향력을 발휘한다. 뉴욕시 하원의원 선거 민주당 예비경선일 경우 가장 영향력 있는 매체는 우편홍보물이다.

그것이 무엇이 되었든 그것에 자원을 집중하고 영향력을 극대화하도록 힘써라. 여러분이 캠페인에서 성과를 올릴 확률이 증가할 것이다.

집념을 갖고 밀어 부쳐라 - 그러나 언제 물러설 지도 알아야 한다

82

끈질긴 것과 미련한 것은 분명한 차이가 있다. 여러분의 어떤 아이디어가 중요하다고 느낀다면 후보자나 캠페인 매니저가 관심을 갖고 비중을 두게끔 다양한 방법을 사용해야 한다.

그러나 그것이 어떤 식으로든 채택될 가능성이 없다면 포기해라. 여러분이 생각한 것과는 달리 그 아이디어는 그렇게 훌륭한 것이 아닐 가능성이 높거나, 후보자가 이것을 채택하지 않는 개인적 이유가 존재할 수 있기 때문이다.

내가 일했던 어느 대통령의 비서관은 대통령에게 평균 세 번 정도 자신의 의견을 제안한다고 했다. 만일 대통령이 세 번째까지 그의 의견을 채택하지 않는 다면 그 비서관은 그것에 관해서 미련 없이 잊어버린 다고 한다.

다음날이 있음을 잊지 말아라

83

후보들과 열정을 지닌 아마추어들은 간혹 단견으로 앞뒤 안 가리고 일을 하다가 결국에는 장기적 관점에서 큰 손실을 입히는 경우가 있다.

컨설턴트라면 좀 더 이성적이어야 한다. 컨설턴트는 정치권의 평판으로 살아간다. 이기건 지건 캠페인을 통해 그들의 평판이 흠집이 나서는 안 된다.

이 충고를 중요하게 생각하는 내가 아는 대부분의 컨설턴트들은 현재 업계의 최고 실력자들이다.

많은 후보들은 한 번에 승리하지 않음을 명심할 필요가 있다. 목적한 고지에 오르기 위해서 두 번 또는 세 번의 도전을 요구받게 된다(애브라함 링컨은 선거에 당선되기 전에 11번의 선거에 출마한 것으로 기억한다). 나는 내가 정치컨설팅계의 누구보다 공격적이고 경쟁적이라고 믿지만 넘지 않는 선이 존재한다. 왜냐하면 나는 항상 다른 날, 다른 해, 다른 캠페인이 기다리고 있다는 것을 알기 때문이다.

모든 것을 안다고 생각할 때 그렇지 않다는 것을 자각할 수 있어야 한다

84

내가 맨 처음 본격적인 정치컨설턴트로서 나섰을 때 처음 열세 번의 캠페인에서 모두 이겼다. 그 다음 주지사 선거 예비경선에서 첫 패배를 맛보았다. 그때 나는 "내가 다른 민주당에게는 패했지만 공화당에게는 절대 지지 않았다."라고 스스로를 위로했다. 곧이어 나는 공화당에게도 패했다. 나의 합리화는 더 이상 성립되지 않았다.

내가 35살이 되었을 때 캠페인에 대해 모든 것을 배웠고 유권자가 후보자에게 어떻게 투표하는 지를 이해했다고 생각했다. 20년 이상이 지난 지금 나는 무엇이 유권자를 투표장에서 특정 후보에게 투표하게 하는 지에 대해 얼마나 모르고 있는가를 새삼 깨닫게 된다.

매트 리즈와 나는 언젠가 워싱턴에서 좋은 평판을 얻으며 몇 차례의 주목할만한 승리를 거둔 젊은 컨설턴트를 화제로 얘기를 나눈 적이 있었다. 나는 그 컨설턴트를 잘 알지 못해 리즈에게 그가 그렇게 실력 있는 친구인가를 물었다.

리즈는 "그 친구는 정말 뛰어나지. 그러나 몇 번의 선거에서 패배한 다음에는 더 훌륭한 컨설턴트로 성징하게 될 거라고 생각하네." 하고 말했다.

여기에 많은 지식과 오랜 세월의 경험이 압축되어 담겨져 있다.

누군가가 여러분에 대해 나쁜 말을 하고 있다 해도 너무 과민반응하지 말아라

85

이것은 불가피한 일이다. 누군가가 여러분과 같은 진영 또는 상대진영에서 여러분에 대해 좋지 않은 얘기를 하고 있다고 알려줄 것이다.

과민반응하지 말아라.

우선 그것은 공개적인 발언이 아닐 가능성이 높다. 그리고 여러분에게 전해진 부분은 전체 맥락에서 따온 일부분일 수 있다. 혹은 여러분을 자극하기 위해 꾸며지거나 과장되었을 수 있다. 그때는 그렇게 말했어도 지금 심정은 후회하고 있을 수도 있다.

우리 모두는 어느 순간에 이러한 얘기를 한다. 안

하면 더 좋겠지만 대부분은 하게 되는 것이 현실이다. 얼굴이 두껍지 못해도 이 업계에서 살아남기 힘들다.

만일 여러분의 비방이 공식적인 것이고 그것에 의해 여러분이 확실히 상처받았다면 옛 정치속담처럼 행동하라: 화내지 말고 똑같이 갚아 주어라.

캠페인은 즐거워야 한다

86

캠페인은 박진감 넘치는 스트레스와 긴장의 연속이다. 그러나 이것은 또한 즐거워야 한다. 만일 캠페인에서 재미와 기쁨을 맛보지 못한다면 캠페인은 단지 지루하고 침울하게 될 것이다.

지루하고 웃음이 없는 캠페인처럼 지루한 것도 없다. 나는 이런 비슷한 캠페인에서 일한 적이 있는데 다시는 반복하고 싶지 않은 경험이다.

캠페인 과정과 플레이어들의 전략수립 과정 등이 언론의 주목을 받으면서 컨설턴트계에도 연예인과 같은 스타들을 배출해 내고 있다. 언론은 후보자 외에도 이들의 활동을 주시하고 밀착 취재한다. 이들이 참여하는 선거에는 수많은 젊은이들이 그들 밑에서 일하기 위해서 자원봉사를 자청하고 이들은 독특한 카리스마와 경영기법으로 선거사무실을 항상 즐겁고 박진감 넘치도록 유지하면서 24시간 사무실의 불이 꺼지지 않도록 한다.

인내를 배워라

87

특히 라틴 아메리카나 아 프리카 등 제3세계 국가에서 일을 하는 경우에 특히 해당된다. 오늘 4시 회의라고 하면 오늘 4시에 회의가 열릴 것으로 기대하는 미국의 컨설턴트들에게는 적 응하기 힘든 일들이 벌어지곤 하기 때문이다.

대통령궁의 전화를 기다리며 얼마나 많은 시간과 날들을 호텔방과 호텔 수영장에서 보내며 기다렸는 지 모를 것이다. 지금은 익숙해져서 이들 국가에 갈 때면 읽을 책들과 시가 한 상자와 오랜 기다림에 대한 정신적 준비를 한다.

물론 모든 국가가 다 그렇다는 얘기는 절대 아니다.

프랑스 에스탱 대통령을 위해 일할 때는 그가 시간 엄수에 철저하다는 말이 거짓이 아님을 알 수 있었다. 그는 가장 시간 관념이 확실한 후보였다. 만일 엘리스 궁에서 12시 30분에 오찬 약속을 했다면 12시 30분에 오찬장소에 입장하게 된다.

지금 내가 일하고 있는 어떤 나라에서는 점심시간에 불려가서 저녁시간에 안내된다. 대통령궁 안에서는 할 일 없이 기다릴 수밖에 없다.

약속된 금액을 받을 때까지는 계약서만으로
모든 것이 해결되었다고 단정하지 말라

88

이것 역시 외국에서 일하
는 경우에 더 많이 해당될 것이다. 그리고 앞서 언급했
듯이 외국에서는 여러분의 계약서가 이행되지 않아도
뾰족한 대책이 없다.

나는 약속된 금액을 가능한 한 미리 지급할 것을 요
청하는데 30년이 지난 지금도 이 문제는 항상 깨끗이
해결되지 않는 골칫거리로 남는다.

처음 다른 나라에 정치컨설팅을 하는 분들에게 약
속된 금액의 일부가 지급되기 전에 경비를 지출하는
것을 삼가하라고 권하고 싶다. 이것은 후보자 탐색
방문을 포함해서이다. 여행경비는 최소한 즉시 환불

받도록 해야 한다. 여러분이 사용한 경비까지 지급
받지 못하는 것은 정말 최악의 상황이다.

여러분의 후보가 승리하면 그 후보의 매력과 설득력 덕분이고 패하면 여러분의 잘못이다

89

가능성이 높지 않던 상원 의원 예비경선에서 내가 할 수 있는 모든 힘을 다해 역전승을 거두고 정치평론가들의 높은 평가를 받은 뒤 당선자가 기자들에게 자신은 캠페인 매니저없이 거의 혼자서 캠페인을 운영했다는 얘기를 엿듣게 되었다. 나는 아무 말도 하지 않았다. 다만 옛 정치격언처럼 화내지 않고 똑같이 해 주었다. 본선에서 내 비용을 평상시 보다 두 배 이상 더 요구한 것이다.

자신의 패배가 유권자들이 자신의 메시지를 이해하지 못했거나 정책이나 전략에 문제가 있었다고 인정하는 후보는 거의 없을 것이다. 오히려 유권자들이 자신도 좋아했지만 상대후보를 더 좋아했기 때문이라고 할 수는 있다.

잭 시걸과 나는 하와이에서 연방하원, 상원, 주지사까지 약 15번에서 16번 정도의 캠페인을 함께 했다. 1984년 우리는 호놀루루 시장선거에서 패했다. 이로 인해 86년 민주당의 선두주자였던 주지사 후보는 우리에게 연락하지 않았고 결과적으로 그는 패했다. 1984년 우리가 패배한 시장후보(1980년 우리는 그녀를 위해 역전승을 이끌어 냈다)는 86년에 부주지사 예비경선에서 시걸이 자신이 아닌 상대후보를 도와 그녀를 패배시킨 것에 대한 감정으로 시걸 회사를 욕하고 다녔다.

마이클 로완은 다음과 같이 표현했다.

"후보자들은 좋은 것은 모두 자신들이 잘해서 그렇게 된 것이라고 믿는다. 그러나 잘못된 결과에 대해서는 책임을 인정하려 하지 않고 그것을 캠페인 실무진에게 돌린다."

후보자들이 유명한 컨설턴트를 선호하고 언론이 이들의 얘기를 다루면서 실제와는 다르게 언론플레이로 성장하는 컨설턴트들이 늘고 있다. 그들은 자신들의 얘기를 언론에 공개하면서 좋은 결과는 자신들의 공으로 돌리고 잘못된 결과는 다른 참모나 후보자에게로 돌리고 있다.

이들은 죠셉 나폴리탄은 물론이고 정치컨설팅계의 마케아벨리로 불리는 데이비드 가스 등이 신념처럼 지키는 전문가들은 후보자 뒤에서 일하고 결과로 말한다는 1세대 컨설턴트들과는 달리 튀어야 살아남는다는 생각으로 정치적 신념보다는 승리를 통한 부와 명성에 집착을 보이고 있다.

이들의 이런 행태는 일반 국민들에게 정치컨설턴트들의 좋지 않은 이미지를 심는데 한 몫을 하고 있다.

참아라

나는 이미 실수에 대해 지나치게 당황하지 말라고 언급한 바 있다. 그러나 다른 식으로 컨설턴트는 후보자와 캠페인 관계자, 캠페인 조직과 일하면서 참아가는 법을 배워야 한다.

이 분야에 오랜 경험이 있는, 특히 외국선거에 경험이 풍부한 컨설턴트들은 얼마만큼 참고 적응하는 것이 중요한 지를 알고 있다.

다른 문화와 환경에서 그것도 경험이 없는 사람들과 일할 때 쉽게 자제력을 잃고 화를 낼 수가 있다. 그러나 이것은 여러분에게도 캠페인에도 어떤 도움이 되지 못한다.

네거티브 캠페인을 시작하기 전에 우선 여러분 후보자의 신뢰를 쌓아라

91

이것은 1980년 로널드 레이건이 지미 카터와의 본선에서 가장 잘 보여주었다. 오늘날 모두는 그 선거가 레이건의 압승이었음을 기억한다. 그러나 시작부터 그랬던 것은 아니다.

캠페인이 시작될 때 유권자들은 레이건의 정치철학과 그의 공격적 국방정책이 낳을 전쟁 가능성에 대해 몹시 우려하고 있었다.

현명하게도 레이건은 캠페인 초반 이러한 우려를 씻고 신뢰를 쌓는데 대부분의 시간과 이벤트를 보냈다. 레이건의 신뢰가 긍정적으로 쌓이고 유권자들의 우려가 상당부분 해소되었다고 느낄 때까지 레이건의 참모들은 카터를 향한 매서운 네거티브 캠페인을 시작하지 않았다.

물론 성급하게 네거티브 캠페인을 시작했다면 그 효과는 무척 낮았을 것이라는데 의심의 여지가 없다.

최근에 자신의 포지션도 불확실하고 신뢰도 쌓지 않은 상태에서 무조건 네거티브 캠페인을 시작하는 후보자들이 늘고 있다.

우선 자신의 긍정적 분야에 집중하고 신뢰를 충분히 쌓은 뒤에 상대후보에 대한 공격을 시작하라고 강하게 충고한다.

이번 충고는 특히 도전자들에게 중요하다. 도전자들은 인기 없는 현역에 도전할 때 현역의 부정적인 면을 쟁점으로 선거를 치르려는 유혹에 빠진다.

그러나 유권자들은 도전자에 대해 알지 못할 때 불안함을 가질 수 있고 모르는 사람보다는 무능하고 미워도 알고 있는 후보를 선택하게 된다.

최소한 이 이상 더 나빠지지는 않을 거라는 게 이들의 주된 선택 논리이다.

러시아의 옐친이 어떻게 대통령선거에서 재선에 성공할 수 있었는 지를 보면 바로 알 수 있다.

성숙은 나이만큼 생긴다

92

많은 면에서 지금의 나보다는 15년 전이나 20년 전의 내가 더 나은 컨설턴트라는 생각을 한다. 그때는 후보와 후보 참모들과 책상을 치고 싸우면서 쉼 없이 열정적으로 일했다.

지금 나는 더 여유로워졌고 인내심이 늘었고 참을 줄 알고 그리고 희망하건데 더욱 성숙해졌다.

또한 나는 내 역할이 후보자에게 자문을 하는 것이지 내 아이디어가 채택되도록 수단과 방법을 가리지 않는 것이 아니라는 것을 인식하게 되었다. 내가 세월이 흐름에 따라 호전성을 상실했다면 그와 반대로 성숙함을 얻게 되었다. 모든 것은 시간이 해결해 준다.

현명한 것과 교육 정도를 혼동하지 말아라

93

선거캠페인에서는 민심의 이해와 정치적 직감이라는 말이 자주 쓰인다. 이것이 뛰어난 것은 교육 수준과 항상 일치하지 않는다. 교육 수준이 가장 높은 사람이 정치적 감각이 가장 뛰어난 사람이 아니라는 의미이다.

5개 대륙 20개 이상의 국가의 캠페인에 관여해서 일하면서 교육은 많이 받지 못했지만 정치적 감각이 탁월하고 민심을 꿰뚫고 있는 사람들을 대면하였다.

유권자의 경우도 역시 마찬가지 이다. 나는 정치컨설팅 초창기에 유권자의 정치적 이해를 과소평가해서도 안 되고 유권자의 정치정보 습득량을 과대평가해서도 안 된다는 것을 배웠다.

정보를 전달하는 것은 캠페인의 책임이다. 유권자의 정치이해는 거기서부터 출발할 것이다.

불필요한 위험은 피하라

94

이것 역시 미국보다는 다른 나라에 더 잘 적용된다. 나는 어떤 나라들에는 내가 출장가지 않는 것은 물론이고 직원들도 보내지 않을 것이다.

조금이라도 그 나라에 대해 의심이 들면 가지 말기를 권한다.

캠페인은 중요하다. 그렇지만 그 정도로 중요하지는 않다.

후보에게 지나친 연민을 갖지 말아라

대부분의 후보자들은 자발적으로 그 길을 택한 것이다. 그들이 선거를 통해 권력을 갖고 그들이 하고자 하는 일을 하기 위해 선거에 후보로서 참여한 것이다.

그들의 선택이다.

컨설턴트로서 여러분은 여러분의 후보와 캠페인에 책임이 있다. 그러나 후보 역시 일정한 책임이 있다. 나는 모든 캠페인에서 후보 역시 나와 마찬가지로 자신에게 주어진 책임을 다할 의무가 있다고 믿는다.

최근에 한 외국의 대통령선거에 참여한 적이 있는데 그 대통령은 자기 의지와는 반대로 하고 싶지 않은 대통령 직무를 수행하고 있다고 말하곤 했다. 나로서는 이해하기 힘든 상황이었다. 그는 대통령이 되기 위해 최선을 다해 캠페인을 했는데 그 자리를 차지하고선 자기의지가 아니라니 말이다.

후보자가 선거를 통한 불가피한 희생을 원치 않는다면 여러분은 그 후보에게 집착하거나 강요할 필요가 없다. 그는 출마하지 않는 것이 바람직하다.

헨리 트루먼 대통령은 평소에 "뜨거운 열기를 감당할 수 없다면 부엌 밖으로 나가라."고 말하곤 했다.

선거는 하루 장사이다

96

이것이 정치캠페인에서 타이밍이 왜 그렇게 중요한가에 대한 이유이다. 만일 토요타나 포드와 같은 자동차를 판매한다면 오늘이 아니면 내일, 더한 경우에는 내년에라도 판매를 할 수가 있다. 그러나 캠페인에서 상품(후보자)은 오직 하루 중 그것도 몇 시간만 판매하는 장사인 것이다.

가능한 한 선거 막바지에 열기를 고조시키도록 해야 한다. 미국선거에서 11월 투표일임에도 9월 노동절을 선거 열기 최고조 일로 정하는 우를 범하는 경우가 종종 있다. 그렇다면 그 다음은 내리막길만 있을 가능성이 높다.

캠페인이 의도했던 바와 같이 올바른 방향으로 움직이고 있는 한 일찍 열기가 오르는 것보다는 늦게 오르는 것이 더 좋다고 생각한다.

열기를 고조시키는 데 있어 여러분은 방송광고나 주요 이벤트와 같이 일정부분 컨트롤이 가능한 부분이 있다. 최고조로 열기를 올리는 것이 여러분의 의도하고 계획한 바와 같이 똑같이 되지는 않는다 해도 컨트롤 가능한 부분을 통해서 그 효과를 최대로 발휘하도록 해야 한다.

후보의 부인이 원하는 것은
무엇이든 하게 하라
97

이것은 절대 남성 우월적인 발상이 아니다. 여성후보자일 경우에는 그 남편에게 똑같이 해당되는 말이다.

대부분의 후보자들은 남자이다. 그들의 대부분은 기혼자이고 모든 캠페인에서 후보자의 부인들은 어떤 식으로든 선거에 관여하게 되어 있다.

배우자의 참여가 긍정적 효과를 내기도 하고 반대로 나타나기도 한다. 나는 간혹 후보자보다 배우자가 후보가 되었을 경우 더 잘 했을 것이라고 생각하는 경우를 접하게 된다. 그러나 역시 배우자로 인해 캠페인이 상처받고 선거결과에 악영향을 미치는 경우도 간혹 있었다.

　나는 보통 후보의 배우자가 별도의 식사시간을 마련하고선 그 배우자가 캠페인에서 어떤 역할을 하기를 원하는 지 알아 본다. 그리고 가능한 한 그 역할을 하도록 배려하고 권장한다. 만일 배우자가 캠페인에 관여하고 싶어하지 않으면 그것 역시 상관없다. 만일 남편과 함께 유세장 및 행사장에 다니기를 원한다면 그것 역시 좋다. 배우자로서 독자적 행보를 하기 원한다면 그것도 동의한다. 단지 그 배우자가 원치 않는 일을 억지로 시키지 말아라.

모든 사람을 기쁘게 할 수는 없다

98

후보가 캠페인을 모든 이들의 동의로 운영하려고 하는 경우가 종종 있다. 그들은 가급적 모두가 흔쾌히 동의하고 모두가 기쁘고 아무도 화나게 하지 않으려고 노력한다.

이런 일은 가능하지 않다.

캠페인은 결정의 연속이다. 그리고 많은 결정은 상당히 어려운 것들이다. 어려운 결정을 하는 순간마다 특정 이해관계에 있는 캠페인의 관계자들이나 지지그룹 중 특정계층 등 누군가는 그 결정을 좋아하지 않을 것이다.

필수적인 것과 그렇지 않은 것을 구분하라

99

여러 차례 강조한 바 있지만 우선순위에 대한 인식을 하는 것은 후보와 캠페인 매니저에게 절대적으로 중요하다.

캠페인이나 국정운영에 있어 어떤 것들은 필수적이지만 어떤 것들은 그렇지 않다.

현명한 후보와 지도자는 이들을 구분하는 것을 일찍 알게 된다. 필수적인 결정이나 행보는 자신이 전적으로 책임지고 그렇지 않은 것들은 참모 등 주변 관계자들에게 맡긴다.

컨설턴트에게도 같은 이론이 적용될 수 있다. 중요하거나 필수적이 아닌 것들로 대단한 일을 만들 필요가 없다. 그러나 절대적으로 중요한 문제라 판단되면 할 수 있는 모든 방법을 통해 이것의 목적을 달성하라.

다시 전략 이야기로 돌아간다. 선거가 막바지에 다다르고 특히 박빙의 승부를 겨룰수록 일정 하나하나가 중요하고 후보를 부르는 요구는 여기저기서 계속된다. 모두 다 응하다가는 후보의 몸이 열 개라도 모자라는 경우가 발생하고 다 소화하더라도 모든 행사에서 자신의 역량을 다 발휘하지 못하는 경우가 대부분이다.

핵심 참모들은 전략을 중심으로 그 시점에서 꼭 필요한 일정과 그렇지 않은 일정들을 구분하여 정리해야만 한다. 주요 선거에서 일정담당자는 후보자가 가장 먼저 참모로 고용하는 서너 사람 중의 한 사람인 이유가 여기에 있다.

예비경선을 통과하지 못하면 본선거를 뛸 수 없다

100

이것은 야구경기와 같다. 월드시리즈에 나가려면 시즌을 통과해야 하는 것과 같다는 말이다.

그러나 얼마나 많은 선거에서 후보자들이 본선의 상대후보를 꺾을 생각에 골몰할 뿐 예비경선에 관심조차 두지 않는지 모를 것이다. 내 경험에도 후보자가 본선 생각으로 예선에서 꼭 필요한 일들을 하지 않아 패한 경우가 한 번 이상 있다.

고전적 예로 민주당 상원의원 후보였던 당시 매사추세츠 주지사를 들 수 있다. 그 후보진영은 예비선거 당시에도 텔레비전 광고와 각종 홍보물의 타겟을 본선에서 상대가 될 공화당 상원의원에게 집중했다. 그 후보의 당내 경쟁자는 중소도시의 시장이었다. 주지사 후보진영은 그 경쟁자의 공격에 무대응으로 일관하는 등 완전히 무시하는 전략을 구사했다.

예비경선 다음날 아침 주지사가 만들었던 모든 광고와 홍보물은 쓰레기통을 향해야 했다. 주지사 진영에서 그렇게 무시했던 무명의 시장이 역전승을 거두고 본선거에 나가게 되었기 때문이었다.

2000년 선거에서 죤 맥케인은 전체 여론조사에서 죠지 W. 부시를 앞서며, 비당원도 투표할 수 있는 개방경선인 뉴햄프셔, 미시간 등에서는 승리했으나 당원만이 참여하는 남부지역 경선에서 패배하면서 예비경선을 통과하는데 실패했다. 2002 중간선거에서 리차드 리오단 전 로스앤젤레스 시장은 공화당의 캘리포니아 재장악의 희망이었다. 그레이 데이비스 민주당 주지사는 경기침체와 함께 기존의 공약을 어김으로써 공화당은 물론이고 민주당내 세력으로부터도 외면을 받고 있었다. 백악관 전략가 칼 로브는 리오단 시장을 설득해 공화당 주지사 후보 출마 승낙을 받는데 성공했다. 그러나 문제는 다른 곳에서 벌어졌다. 극보수 비즈니스맨인 빌 시몬스가 공화당 극우 지지기반에 호소하면서 후보 출마를 선언했다. 이에 힘을 얻은 데이비스 캠프는 주 경영은 몰라도 선거 캠페인은 잘 한다는 평가를 여실히 입증했다. 데이비스의 전략가 게리 사우스의 주도로 데이비스 캠프는 공화당 예비경선 중에 리오단을 비방하는 광고를 제3자 광고형식으로 내보냈다. 내용은 리오단의 과거 발언이나 정책들을 보여주면서 그는 진정한 공화당이 아니라는 것이었고 이는 반복에 반복을 거듭하며 유권자의 안방을 찾아갔다. 시몬스의 예상 밖 승리에 기여한 것은 물론이다. 리오단은 캘리포니아 전체 주민을 대상으로 한 조사에서 압도적으로 주지사 후보로 꼽혔으나 결국 공화당 예비경선을 대비하지 못해 주저 앉아야만 했고 공화당은 캘리포니아 회복을 4년 뒤로 미루어야 했다.

정치컨설턴트의 아버지 죠셉 나폴리탄

정당에서 보스들에 의해 후보가 결정되고 미디어가 정치에 어떤 영향을 줄 지 정확히 가름하지 못했던 1950년대, 후보의 당선을 도와주는 것을 커리어로 삼고 살 수 있다고 믿은 사람이 있었다. 그는 자신의 고향인 매사추세츠 주에서 이 일을 시작했고 그곳에서만 이 일을 해서는 밥벌이가 될 수 없다고 생각해서 전국을 돌며 후보자들을 찾아다니며 자신의 일을 소개하기 시작했다. 그에게 마땅히 자신을 소개할 직업이 필요했다. 그는 자신의 직업을 정치컨설턴트라고 정했다. 그가 정치컨설턴트의 아버지 죠셉 나폴리탄(Joseph Napolitan)이다.

정치컨설팅이 후보나 정치인을 자문하고 당선에 일조하는 것이라면 이는 분명히 아주 오래 전부터 존재하여 왔다고 할 수 있다. 하지만 "정치컨설턴트"라는 이름은 분명 죠셉 나폴리탄에 의해 처음 쓰여졌다. 그리고 그는 이것을 확인하듯 1968년 11월 프랑스에서 미국식 선거기획으로 후보자를 당선시키고 있다며 뉴욕타임즈에 소개된 미셸 보그라드(Michel Borgrad)와 함께 파리에서 국제정치컨설턴트협회를 창설하였고, 그로부터 2개월 뒤 뉴욕에서 미국정치컨설턴트협회를 만들었다. 그리고 두 협회의 초대 회장을 맡았다.

죠셉 나폴리탄은 1929년 매사추세츠 주에서 이탈리아 이민자의 외아들로 태어났다. 어려서 아버지를 여의고 공장에서 일하는 어머니를 도와 두 살 아래의 어린 여동생을 보살펴야 했던 그에게 뉴딜정책으로 가난한 근로자에게 복지혜택을 부여한 프랭클린 루즈벨트 대통령은 구세주였다. 나폴리탄은 루즈벨트와 그의 민주당을 동경하면서 진보적 민주당원이 된다. 그리고 이 신념은 지금껏 한번도 바뀌지 않았다. 그가 지금까지 일했던 미국의 모든 정치인은 소위 말하는 리버럴 민주당 후보들이었다. 외국에서 역시 그가 일한 후보들은 그 나라에서 상대적으로 리버럴하거나 개혁적 정당 소속이었다. 나폴리탄은 정치컨설팅은 비즈니스이면서 동시에 신념이 결부되어야 한다고 생각하고 있기 때문이다. 그는 사석에서 "인생은 하고 싶은 일만 하면서 살기에도 짧다."라는 얘기를 자주 하곤 했다.

대학 졸업 후 10년간 일했던 지역신문사에 사표를 낸 뒤 홍보회사를 차렸다. 정확히 무엇을 해야 할지 몰랐으나 언론을 통해 자신들이 하는 일이나 서비스를 알리기 원하는 이들을 위해 자신의 장점을 살릴 수 있다는 생각이 들었다. 어느 날 30대 초반의 젊은이가 그의 사무실을 찾아왔다. 그는 그 동네에서 시장선거에 나갈 계획이라며 아직 30이 채 안된 홍보전문가의 도움을 청했다. 당시 현역 시장은 6선의 인물로 지역 언론의 전폭적 지지를 받고 있었다. 우선 나폴리탄은 여론조사를 실시하기로 했다. 선거자금이 충분치 않았던 상태라 자신이 여론조사에 대한 입문서와 여론 조사보고서 등의 책을 구입해 독학으로 여론조사를 공부하고 본인이 직접 조사를 실시했다. 선거결과 도전자는 현역을 물리치고 시장이 되었다. 4년 뒤 나폴리탄은 우연하게도 자신이 당선에 도움을 준 현역 시장에 도전하는 새로운 후보의 편에서 시장선거에 참여했다. 이번에도 그의 편이 승리했다. 그는 선거가 캠페인을 어떻게 하는가에 따라 결과를 달리 할 수 있다고 믿게 되었다.

그가 일반의 주목을 받은 것은 1968년 대통령선거 이후 언론이 그의 활약상을 보도하면서 부터였다. 그러나 그는 케네디의 비밀병기로 이미 정치권에서는 알려진 인물이었다. 정치컨설팅을 전문으로 시작하면서 당시 민주당의 실력자이면서 케네디가의 최측근 중 한 사람인 래리 오브라이언(Larry O'Brien)과 파트너십을 맺고 본격적 사업을 시작했다. 오브라이언은 60년 케네디 선거에서 기획단장을 맡았고 나폴리탄은 그의 보좌관으로 미디어 관련 업무를 전담했다. 뉴햄프셔, 웨스트버지니아에서 케네디의 예상치 않은 승리 뒤에는 나폴리탄의 탁월한 미디어 전략도 한 몫을 했다고 정치전문가들은 말한다. 에드워드 케네디와 로버트 케네디가 선거에 나올 때면 어김없이 달려가 그들의 당선을 도왔다. 80년 에드워드 케네디의 대통령선거 당시에도 참여를 희망했으나 케네디 측근들의 배타성으로 인해 참여하지 못했음을 지금도 아쉽게 생각하고 있다.

1960년 케네디가 대통령에 당선된 뒤 백악관 의회담당 비서관을 맡은 오브라이언과는 달리 그는 계속 밖에서 자유롭게 정치컨설턴트로 일하기를 희망했다. 68년 로버트 케네디의 선거를 돕다 그의 암살로 휴버트 험프리(Hubert Humprey) 진영의 선거책임을 맡은 당시 체신부장관 오브라이언은 나폴리탄에게 도움을 요청했다. 그때까지 당내 후보 경선에서 정치컨설턴트가 할 수 있는 일은 별로 없었다. 당 지도부의 의사가 절대적이었기 때문이다. 나폴리탄은 민주당 전당대회가 끝나는 8월말부터 합류해 험프리 선거진영의 광고전략 책임을 맡기로 했다. 무엇보다 그는 험프리 캠페인이 본선에 대비한 전략서가 없다는 것에 경악했다. 그의 철학인 "문서화 되지 않았다면 전략은 없는 것이다."대로 그는 전략이 없는 것으로 간주하고 전당대회 열기가 한창이던 시카고의 호텔방에서 전략서를 작성했다.

본격적인 선거가 시작되고 대부분의 선거전문가들이 이익집단과 세력의 지지를 받기 위해 표밭을 누빌 때 그는 사무실에서 미디어가 유권자에게 미치는 효과를 면밀히 분석하며 이에 대한 전략을 세워 나갔다. 나폴리탄이 합류할 당시 험프리 후보는 닉슨에게 20퍼센트에 가까운 열세를 보이고 있었다. 선거는 3개월 밖에 남지 않은 상황이었다.

그는 9월에 오브라이언과 선거책임자들에게 다음과 같은 메모를 보냈다. "1. 지금 상태로 우리는 분명히 지게 될 것이다. 2. 우리가 대담한 전략을 구사할 경우 그것이 역효과를 내어 지금보다 더 큰 차이로 지게 될 것이다. 3. 그러나 우리의 대담한 전략이 효과를 보일 경우 우리는 이길 수도 있다. 우리가 밑질 것은 결국 없는 것이다. 그러기 위해서는 험프리의 따뜻한 이미지를 강조해 차가운 닉슨과 대비시켜야 한다. 험프리를 존스 대통령과 분리시켜야 한다. 험프리의 월남전에 대한 현 정부와 차별화된 독자적 정책과 비전을 제시해야 한다. 닉슨이 주장하는 '법과 질서'를 미국의 양심에 감정적으로 호소해야 한다." 나폴리탄을 아는 오브라이언은 이러한 주장을 전폭 채용했다. 그러나 정작 험프리 후보는 존슨 대통령과의 차별화에 주저했다. 그의 존슨과의 문제나 월남전에 대한 입장은 나폴리탄의 제안을 마지못해 따랐으나 시원하고 분명하지는 못했다.

10월 21일 갤럽조사에 의하면 지지도는 닉슨 44, 험프리 36.8퍼센트의 차이로 좁혀졌다. 막혔던 선거자금이 들어오기 시작했다. 11월 2일 닉슨 42, 험프리 40라는 오차한계범위 내의 접전을 보이는 것으로 나타났다. 선거가 3일 남은 시점이었다. 나폴리탄은 몇 번의 광고방송을 더 원했다. 그러나 험프리 진영의 자금은 이미 바닥이 난 상태였다. 11월 5일 선거에서 닉슨은 43.4퍼센트로 42.7퍼센트를 얻은 험프리를 눌렀다. 민주당으로서는 아쉬움이 남는 선거였다. 전당대회가 한 달만 앞당겨 실시됐어도, 선거에서 3일만 더 시간이 있었어도 역사는 어디로 흘러갈 지 알 수 없었다. 나폴리탄은 험프리 후보가 존슨과의 차별화와 월남전 반대에 좀 더 일찍, 좀 더 분명하게 입장을 취하지 않은 것을 두고두고 아쉬워했다. 그러나 역사에 가정이란 없는 법, 닉슨의 시대가 도래했고 미국에게는 워터게이트 사건이 기다리고 있었다.

나폴리탄은 선거에서 가장 첫 번째 할 일은 여론조사라고 말한다. 그는 여론조사를 국민과의 대화의 수단으로 생각한다. 그래서 그의 질문들은 "예, 아니오" 보다는 주관식이 많다. 그는 국민이 이슈보다는 후보자에 더 비중을 두고 있다고 믿는다. 가장 중요한 것은 감성(emotion)에 호소하는 것이다. 그는 이렇게 말한다. "감성을 조절할 수 있는 비법은 없다. 그렇지만 캠페인은 감성이 조절한다." 그는 자신의 역할은 유권자들이 선거일에 상대후보 대신 자신의 후보에게 도장을 찍도록 하는 것이며, 그날만이 중요한 날이라고 말한다. 선거전에서 100일을 지더라도 101번째 날, 즉 선거당일에 이기면 결국 모두 이기는 것이라는 얘기다. 그래서 그를 아는 이들은 그의 특기를 허를 찌르는 역습이라고 한다. 아무도 예상치 않는, 일반의 예측을 뛰어넘는 공격으로 상대진영을 뒤흔들어 놓는다는 것이다.

그는 캠페인 기간 중에 절대 언론의 인터뷰에 응하지

않고 선거 승리의 공은 모두 후보에게 돌리는 것으로 유명하다. 정치컨설턴트는 뒤에서 후보의 당선을 돕는 역할을 하는 사람이고 모든 스포트라이트는 후보의 몫이라고 믿는 것이다.

정치컨설턴트는 정치커뮤니케이션의 전문가라고 말하는 나폴리탄은 아시아, 유럽, 남미 등의 대통령 선거에 참여한 해외진출 1호 정치컨설턴트이기도 하다. 그는 어느 곳에 가던지 캠페인 팀들과 만남에서 입버릇처럼 하는 얘기가 있다.

"제가 여러분 보다 정치에 대해 더 많이 알아서 여러분께 정치를 가르치러 온 것이 절대 아닙니다. 저는 선거에서 승리하더라도 어떤 직책을 맡을 생각도 없으며 관심도 없습니다. 저는 여러분의 후보자가 선거에 이기는데 도움을 드리고자 할 뿐입니다."

김 윤 재